我国海水资源开发、利用和保护的法律制度研究

刘容子　刘家沂　龙卫球　李昊　等著

海洋出版社

2013年 · 北京

图书在版编目(CIP)数据

我国海水资源开发、利用和保护的法律制度研究/刘容子等著.
—北京:海洋出版社,2013.8
ISBN 978-7-5027-8636-6

Ⅰ.①我… Ⅱ.①刘… Ⅲ.①海水资源-资源开发-法律-研究-中国②海水资源-资源利用-法律-研究-中国③海水资源-资源保护-法律-研究-中国
Ⅳ.①D922.664

中国版本图书馆 CIP 数据核字(2013)第196563号

责任编辑:张 荣
责任印制:赵麟苏
海洋出版社 **出版发行**
http://www.oceanpress.com.cn
北京市海淀区大慧寺路8号 邮编:100081
北京华正印刷有限公司印刷 新华书店北京发行所经销
2013年8月第1版 2013年8月第1次印刷
开本:880 mm×1230 mm 1/32 印张:6
字数:200千字 定价:26.00元
发行部:62132549 邮购部:68038093 专著中心:62113110

编写人员名单

组　　长：刘容子　龙卫球

成　　员：刘家沂　李　昊　张　平　李　斌
夏春利　梁文婷　房　琦　聂卫锋
夏梓耀　李晨丹

全书统稿人：刘家沂　李　昊

前　言

水是生命之源、生产之要、生态之基。我国是一个水资源贫乏的国家，人均水资源量约为世界平均水平的1/4，逼近联合国可持续发展委员会确定的1 750立方米用水紧张线。我国水资源分布不均衡，与人口、土地和经济布局不相匹配。近年来我国极端气候频发，地区间水资源分布不均的矛盾加剧。水资源短缺问题日趋突出，已成为我国经济社会可持续发展的主要制约因素之一。

我国海岸线总长度3.2万千米，其中大陆海岸线1.8万千米，岛屿海岸线1.4万千米，是名副其实的海洋大国。沿海地区多为我国经济发达地区，水资源供需矛盾尖锐。在此情形下，海水资源利用无疑是解决我国沿海地区水资源短缺的重要途径之一，是保障我国发展循环经济、建设资源节约型和环境友好型社会、实现节能减排的必然选择，对我国开发海岛资源也有着重要意义。正因为如此，2011年中央一号文件《中共中央国务院关于加快水利改革发展的决定》(2010年12月31日)、《中华人民共和国国民经济和社会发展第十二个五年规划纲要》(2011年3月14日)一再指出，积极发展海水综合利用，大力推进海水淡化利用。应当说，积极开发利用海水资源，是落实中国共产党第十八次全国代表大会报告提出的提高海洋资源开发能力，发展海洋经济，建设海洋强国要求不可或缺的重要一环。

从其他国家和地区的经验来看，“科技加法律”是推动海水资源开发的必由之路。目前，我国虽然是世界上少数几个掌握海水淡化先进技术的国家之一，但海水利用一直存在无法可依、无规可循的问题。这一问题如不得到有效解决，势必制约我国海水资源利用产业的持续、健康、快速发展。

2005年国家发改委、财政部、国家海洋局联合发布了《海水利用专项规划》。自此，国家海洋局海洋发展战略研究所刘容子、刘家沂等，在国家海洋局科技司“《海水利用专项规划》实施”计划支持下，连续多年跟踪研究海水利用政策法规。2006 年还参与北京市发改委关于淡化海水进京的课题。2006 年以来，先后完成多个研究报告，如：《促进海水利用产业化的相关投融资政策措施研究及案例分析》、《促进我国海水利用产业化的淡化项目市场准入制度研究》、《海水资源开发、利用和变化的法律制度研究》等。

2010 年底至 2012 年，国家海洋局海洋发展战略研究所和北京航空航天大学法学院成立联合研究课题组，聚焦海水利用法制研究。

在上述多年研究成果基础上，结合当前我国水资源现状及海水利用产业发展势头，作者对有关问题进行了进一步的系统研究，形成本书。主要内容包括：我国海水资源开发、利用和保护的法制现状；国际法和外国法上有关海水资源开发、利用和保护的法律制度；海水淡化市场准入问题以及推进我国海水资源开发、利用和保护的法律机制建设等。希望本书可以为有关政府部门、学术机构和学者提供必要的参考，推动我国海水资源相关法律制度的建立与完善，促进我国海水利用产业健康发展。

目　　录

第一章　海水资源开发利用情况简介

一、我国水资源状况

地球表面虽然2/3被水覆盖，但是97%为无法饮用的海水，只有不到3%是淡水，其中又有2%封存于极地冰川之中。在仅有的1%淡水中，25%为工业用水，70%为农业用水，只有很少的一部分可供饮用和其他生活用途。水资源区域分布不均匀，致使世界上缺水现象十分普遍，全球淡水危机日趋严重。目前世界上100多个国家和地区缺水，其中28个被列为严重缺水的国家和地区。预测再过20～30年，严重缺水的国家和地区将达46～52个，缺水人口将达28亿～33亿人。[①]可见，淡水已经变得比以往任何时候都要珍贵。淡水资源紧张是全世界面临的严重问题之一。

我国是一个水资源贫乏的国家，人均水资源量仅为1 785立方米，约为世界平均水平的1/4，逼近联合国可持续发展委员会确定的人均1 750立方米用水紧张线。我国水资源分布不均衡，与人口、土地和经济布局不相匹配。近年来我国极端气候频发，地区间水资源分布不均的矛盾加剧。水资源短缺问题日趋突出，已对部分地区生产生活的正常进行产生不利影响。[②] 目前，我国正常年份缺水量近400亿立方米左右，其中灌溉缺水约300亿立方米左右。全国660多个城市中，有400多个城市缺水，其中108个为严重缺水城市。[③] 全国各省区中，有16个省（自治区、市）

---

① 凯博信咨询：《2009—2013年中国海水淡化行业市场调查与发展前景预测报告》，第14页。

② 工业和信息化部：《关于进一步加强工业节水工作的意见》（2010年）。

③ 国家发展和改革委员会，国家海洋局，财政部：《海水利用专项规划》（2005）。

人均水资源量(不包括过境水)低于严重缺水线,有6个省、自治区(宁夏、河北、山东、河南、山西、江苏)人均水资源量低于500立方米。[①] 水资源短缺已成为我国经济社会可持续发展的制约因素。

沿海地区多为我国经济发达地区,同时又是我国最缺水的地区之一,水资源供需矛盾极为尖锐。2003年,我国沿海11省(自治区、市)以全国15%的土地,养活了全国40%的人口,创造了全国67%的国内生产总值(GDP),在我国经济社会生活中占有极其重要的地位,但水资源总量仅占全国的1/4,人均水资源量为1 266立方米,不足全国人均水资源量的60%;总供(用)水量2 282亿立方米,为全国的42.9%;工业、农业、生活用水量分别为600亿立方米、1 336亿立方米和306亿立方米,分别为全国的51.1%、38.9%和48.5%;全国人均综合用水量412立方米,而北方沿海(包括天津、河北、辽宁和山东4省、市)人均综合用水量约269立方米,属资源性缺水,南方沿海7省、市、自治区(江苏、上海、浙江、福建、广东、广西、海南)人均综合用水量约560立方米,但部分地区存在水质性缺水和资源性缺水(数据不涵盖我国香港、澳门和台湾地区)。预测到2020年北方沿海四省(市)人均综合用水量将分别达到350~400立方米,缺水量将达到273亿~393亿立方米;同时考虑到南方沿海部分地区的水质性和资源性缺水状况,沿海地区的缺水形势相当严峻。此外,我国面积大于500平方米的岛屿有6 500多个,大多数因缺乏淡水水源而无法居住和开发,有常驻居民的有400多个,也普遍存在缺水问题。海岛具有重要的经济和军事战略地位,关系国家权益和国家安全,而能否解决水资源供应,是关系到海岛能否维持人类生活,从而是海岛开发必须解决的首要问题。[②]

我国海岸线总长度3.2万千米,其中大陆海岸线1.8万千米,岛屿海岸线1.4万千米,管辖海域面积达300万平方千米,是名副其实的海洋大国。在此情形下,向海要水,开发利用海水资源无疑是解决我国沿海地区和海岛水资源短缺问题的重要途径之一,是我国发展循环经济、

① 张利平,夏军,胡志芳:《中国水资源状况与水资源安全问题分析》,载于《长江流域环境与资源》,2009年第2期。

② 国家发展和改革委员会,国家海洋局,财政部:《海水利用专项规划》(2005)。

建设资源节约型和环境友好型社会、实现节能减排的必然选择。

二、海水资源开发利用情况

海水资源的开发和利用主要有三种形式:一是作为水资源开源增量产业的海水淡化;二是作为替代淡水开源节流产业的海水直接利用,如海水冲厕;三是作为新兴海洋化工产业的海水的化学资源利用,如从海洋中提取海盐、溴素和镁化物等。

(一)海水淡化

海水淡化是指从海水中获取淡水的过程,是解决淡水资源短缺的重要途径。经过半个多世纪的发展,海水淡化技术已经成熟,海水淡化产业作为新兴朝阳产业正蓬勃发展。截至 2005 年 1 月,大约有 130 个国家进行某种形式的海水淡化,并且超过 1 万个工厂每天能够淡化至少 100 立方米的海水。目前,世界上已有 40 多个国家和地区发展了海水淡化产业,海水淡化已经成为日本、美国、以色列、新加坡、西班牙、加勒比海各岛国等地水资源来源的重要途径。2005 年统计数据表明,世界上有 18 个国家拥有超过 1% 的全球海水淡化能力(以日生产量为单位):沙特阿拉伯(约 650 万立方米),美国(约 600 万立方米),阿拉伯联合酋长国(约 480 万立方米),西班牙(约 240 万立方米),科威特(不到 200 万立方米),日本(约 120 万立方米),利比亚(约 80 万立方米),韩国(约 80 万立方米),卡塔尔(约 80 万立方米),意大利(约 70 万立方米),伊朗(约 70 万立方米),中国(约 60 万立方米),以色列(约 60 万立方米),巴林(约 60 万立方米),阿尔及利亚(约 50 万立方米),印度(约 50 万立方米),墨西哥(约 45 万立方米)和伊拉克(约 40 万立方米)。①

近年来世界上海水淡化正向高效化、低能化和规模化的目标发展,海水淡化过程可分为两大类:热过程(thermalmethods)和膜过程(mem-

---

① Michael Sullivan, *Australia Turns to Desalination Amid Water Shortage*, June 18, 2007, http://www.npr.org/templates/story/story.php? storyId = 11134967, 2011 年 1 月 5 日访问。

braneprocesses)。海水淡化通常包括五项基本技术:反渗透法(RO),蒸馏法(distillation),电渗析(ED),离子交换脱盐(ion - exchange)和冷冻脱盐(freezedesalination)。其中,RO主要应用领域有海水和苦咸水淡化,纯水和超纯水制备,工业用水处理,饮用水净化,医药、化工和食品等工业料液处理和浓缩以及废水处理等。

结合海水淡化技术方法,影响海水淡化成本最重要的三个因素为给水盐度水平、能源成本以及工厂规模。给水中含盐度的增加将导致成本的增加,因为这将导致海水淡化需要更长的时间或者需要适用更多的设备。通常情况下,海水淡化的成本3~4倍于淡盐水脱盐的成本,而RO是这项运用中最为节省的过程。① 海水淡化需要大量的能源。盐分在水里融化非常容易,形成的化学键很难将之断开。海水淡化技术需要的能源占据了操作成本的50%~75%,而RO对于能源的需求是最低的。RO由于对能源需求较低,单位水成本也较低,使得其在所有海水淡化技术中是最为省钱的。实际上,除了这三个主要因素之外,海水淡化成本与所在地区、劳动力价格、能源费用、土地成本、金融融资成本等都密切相关,要对海水淡化产生的费用进行估算却也不太容易。例如淡化1立方米(264加仑)海水的成本从1美元以下到2美元以上都有可能。总的来看,虽然海水淡化成本较为高昂,但是由于淡化技术的改进、可再生能源的使用以及规模效益、竞争的影响,在未来海水淡化成本应该还会下降。

海水淡化厂的建设首先要考虑厂址选择对于沿海生态系统的影响,海水淡化厂会产生独特的环境影响问题,主要是微咸水或者海水的摄取对海洋生态环境产生影响,例如对于鱼类及其他生物的夹带以及冲击影响,或者对于近岸水流的改变。其次,还需考虑海水淡化产生的盐水处理问题:海水淡化会排出大量的浓盐水,其含盐量通常高于海水1倍左右。国外海水淡化厂排放浓盐水时,通常是把浓盐水引入大海深处,让浓盐水与天然海水自然混合,以解决浓盐水区域性污染问题。

近年来,我国海水淡化产业逐步发展,规模不断扩大。2005年,我国已建成运行的海水淡化水产量约为3.1万立方米/日(苦咸水淡化水

---

① Mohammed H. I. Dore:*Forecasting the economic costs of desalination technology.*

产量为2.8万立方米/日)，在建和待建的工程规模为38.1万立方米/日。海水淡化成本迅速下降，海水淡化主体设备造价较十年前下降了近一半，吨水成本已经降到5元左右。随着技术的不断进步和规模化、国产化发展，海水淡化的成本继续呈下降趋势。但是，从目前看来，我国海水淡化产业与发达国家相比仍然差距较大，表现在海水淡化水日产量仅占世界的1‰左右；海水淡化吨水成本虽已降到5元左右，但相对于大部分沿海城市偏低的自来水价格而言，仍然偏高。①

(二)海水直接利用

海水直接利用，即以海水为原水，直接替代淡水作为工业用水和生活用水，海水直接利用在缓解沿海城市用水紧张方面占有重要地位。海水直接利用方面最为广泛的就是大生活用水和工业用水。大生活用水主要指海水冲厕、海水消防等，工业用水指海水直流冷却、海水循环冷却和海水脱硫等。

全世界海水冷却用水量占到海水取用量的90%以上，世界上拥有海水资源的国家，都采取海水作为冷却用水，其用量占工业总用水量的40%~50%。尤其是日本，20世纪30年代就开始使用海水作为工业直流冷却水，目前几乎所有的沿海钢铁、化工、电力企业都采用海水直流冷却技术，年利用海水量达3 000亿吨。美国每年海水冷却用量约为1 000亿立方米。②

在我国，海水直流冷却技术已得到推广应用，海水循环冷却技术已进入万立方米/小时级产业化示范阶段，有关指标(如海水利用中碳钢的腐蚀控制指标)居世界先进水平，沿海一些火电厂开始应用海水脱硫。火电厂和核电厂直接利用海水作为工业冷却水已有一定规模。2003年，我国利用海水作冷却水用量达330亿立方米左右，应用最多的是电力、石化、化工等行业，电力企业利用海水作冷却水量约占全国海水作冷却水总量的90%左右。但是，我国海水作冷却水用量仍仅占

① 国家发展和改革委员会，国家海洋局，财政部：《海水利用专项规划》(2005)。

② 孙吉亭等：《海洋产业资源与经济研究》，北京：海洋出版社，2010年，第78页。

世界的6%左右,发展潜力巨大。[①]

此外,我国在利用海水灌溉蔬菜、冲厕、利用海水淡化废液建造"人工死海"等方面取得了成功。海水冲厕技术在20世纪50年代末始于我国香港地区,现已形成了一套完整的处置和管理体系。我国内地的沿海地区,利用海水冲厕刚刚起步,现在青岛南姜小区建立的利用海水冲厕示范基地,其每吨成本仅0.5元左右。江苏盐城海水种植蔬菜面积达到66.67公顷,其中海芦笋获得国家绿色食品发展中心颁发的绿色食品A级证书并进入流通环节。天津海滨利用海水淡化废液尽力"人工死海"为天津滨海增添了特色旅游。[②] 海水资源直接利用有着广阔的前景。

(三)海水化学资源综合利用

海水化学资源的综合利用,即从海水中提取化学元素、化学品及深加工等。海水蕴藏着丰富的化学资源,在地球上已发现的109种化学元素中,海水中就含有80多种。每1 000立方米海水含有3 500万吨固体物质,其中大部分是有用元素,总价值约1亿美元,可见海水是巨大的液体矿物资源。海盐、溴素、锂盐、镁盐是海水中的四大主体要素,也是世界沿海各国国民经济发展的重要基础化工原料;铀、氘、锂、碘是海水中的四大微量元素,也是21世纪的重要战略物资。[③]

世界上生产海盐的国家已达80多个,全球的海盐年总产量已超过5 000万吨。走在世界海水提溴前列的是美国、日本、英国、法国、西班牙、以色列等国家,生产量均达到万吨级。在溴化物系列产品研制开发方面,国外相继开发出十溴二苯醚的换代产品十溴二苯基乙烷、新型溴化剂氯化溴等优质、高附加值产品。20世纪30年代,美、日、英等发达国家使海水提取镁系物实现了产业化,随着时代发展和技术进步,氢氧化镁向多品种、高质量方向发展。[④]

---

① 国家发展和改革委员会,国家海洋局,财政部:《海水利用专项规划》(2005)。

② 孙吉亭等:《海洋产业资源与经济研究》,北京:海洋出版社,2010年,第86页。

③ 王国强,冯厚军,张凤友:《海水化学资源综合利用发展前景概述》,载于《海洋技术》,2002年12月。

④ 孙吉亭等:《海洋产业资源与经济研究》,北京:海洋出版社,2010年,第79-80页。

目前，我国海水化学资源综合利用技术取得积极进展，如海水制盐广泛应用，海水提镁、溴、钾等完成百吨级或千吨级中试。溴系列产品（溴的无机化工产品、溴阻燃剂、溴系杀生剂和有机中间体等）已实现了工业化生产。我国溴产量由20世纪70年代的几千吨上升至2005年的10万吨，成为继美国、以色列之后的第三产溴大国。海水制盐作为我国传统的海水化学资源综合利用产业，海盐产量已达到1 800万吨。① 但从整体来看，我国海洋化学资源综合利用的附加值、品种和规模等方面与国外都有较大的差距。②

海水淡化过程中，会产生大量的浓海水，将浓海水直接排入大海会造成沿海环境的破坏，因此，在海水淡化的同时，也要求必须对浓海水进行综合利用。海水淡化后的浓盐水中各种化学资源的浓度基本上为原海水的2倍，用这种浓海水制取食盐，提溴、提钾，可大幅度降低能耗，提高提取率，发展前景广阔。③

三、我国海水资源开发利用预期目标

大规模开发利用海水资源是缓解我国沿海地区和海岛水资源短缺的必然选择。2005年7月，国家发展和改革委员会、国家海洋局、财政部颁布我国《海水利用专项规划》，展望了到2010年与2020年我国海水资源开发利用的目标。

根据该规划，到2010年，我国海水淡化能力达到80万～100万立方米/日；海水直接利用能力达到550亿立方米/年；积极发展海水化学资源的综合利用。海水利用对解决沿海地区缺水问题的贡献率达到16%～24%；海水利用产业国产化率达60%以上，使海水淡化水基本能与自来水相竞争。到2020年，我国海水淡化能力达到250万～300万立方米/日，海水直接利用能力达到1 000亿立方米/年，大幅度扩大

---

① 孙吉亭等：《海洋产业资源与经济研究》，北京：海洋出版社，2010年，第88页。

② 国家发展和改革委员会，国家海洋局，财政部：《海水利用专项规划》（2005）。

③ 高从堦，陈国华：《海水淡化技术与工程手册》，北京：化学工业出版社，2004年，第426－431页。

和提高海水化学资源的综合利用规模和水平。海水利用对解决沿海地区缺水问题的贡献率达到26%～37%。实现大规模海水淡化产业化，海水利用(特别是海水淡化)国产化率达到90%以上，提高海水利用技术装备产业化、规模化程度，增强技术装备出口创汇和国际竞争能力，建设若干个20万～50万立方米/日能力的大规模海水淡化工程，沿海地区的高用水企业的工业冷却水基本上由海水替代，实现海水利用产业的跨越式发展，建立起比较完善的海水利用宏观管理体系和运行机制，[①]如表1.1所示。

表1.1　我国海水利用发展目标

年份	海水淡化水量		海水直接利用量	对解决沿海地区缺水的贡献率(%)
	万立方米/日	亿立方米/年	亿立方米/年	
2010	80～100	2.6～3.3	550	16～24
2020	250～300	8.3～9.9	1000	26～37

2012年2月，《国务院办公厅关于加快发展海水淡化产业的意见》(国办发[2012]13号)进一步指出，到2015年，我国海水淡化能力达到220万～260万立方米/日，对海岛新增供水量的贡献率达到50%以上，对沿海缺水地区新增工业供水量的贡献率达到15%以上；海水淡化原材料、装备制造自主创新率达到70%以上；建立较为完善的海水淡化产业链，关键技术、装备、材料的研发和制造能力达到国际先进水平。

从目前的情况看，《海水利用专项规划》所确立的到2010年的海水利用目标未能完全实现，某些领域的实践情况距离规划所定目标还有较大差距。[②] 这种现象的产生，与我国海水资源利用法律制度不健全不无关系。从其他国家和地区的经验来看，“科技加法律”是推动海水资源开发的必由之路，而海水利用科技的发展也需要法律促进与保

① 国家发展和改革委员会，国家海洋局，财政部：《海水利用专项规划》(2005)。

② 水利部发展研究中心海水利用联合调研组：《关于积极发展我国海水利用的几点建议》，载于《水利发展论坛》，2011年第9期。

障。目前,我国虽然是世界上少数几个掌握海水淡化先进技术的国家之一,但海水资源利用一直存在无法可依、无规可循的问题。这一问题如不得到有效解决,势必制约我国海水资源利用产业的持续、健康、快速发展,也难以确保我国海水资源开发目标的顺利实现。

第二章　我国海水资源开发、利用和保护的法制现状

一、我国水资源法制体系和海洋法制体系

(一)水资源立法

在我国领域内开发、利用、节约、保护和管理水资源的基本法律是《中华人民共和国水法》(2002 年修订,以下简称《水法》)。该法对水资源的定义并未作出规定,只在第二条对水资源的范围作了笼统的界定:“本法所称水资源,包括地表水和地下水”。运用成文法解释的规则探寻“水资源”的定义和范围,大致有如下发现。

第一,“水资源”的含义,一般来说应依其通常所有的字面意思来进行解释,除非法律条文有另外的规定。如果依其字面含义,水可以理解为“一种无色、无臭、透明的液体”或“河流的统称”或“江河湖海的统称”。可见,“水资源”的一般含义可以是地表河流湖泊中蕴含的水资源加上地下水资源,也可以是江河湖海中蕴含的水资源加上地下水资源。其具体范围还需要考察《水法》的其他条款。

第二,《水法》第 24 条规定:“在水资源短缺的地区,国家鼓励对雨水和微咸水的收集、开发、利用和对海水的利用、淡化。”《水法》第 48 条规定“直接从江河、湖泊或者地下取用水资源的单位和个人,应当按照国家取水制度和水资源有偿使用制度的规定……申请领取许可证,并缴纳水资源费,取得取水权。”该法第 80 条还规定:“海水的开发、利用、保护和管理,依照有关法律的规定执行。”根据“明示其一则排除其他”的规则(*expressio uniusest exclusio alterius*),这三个条文结合起来表明,我国的水资源指的是江河、湖泊等地表水资源以及地下水资源,海水资源被排除在水资源的范围之外,海水资源的开发、利用、保护和管

理有待其他立法解决。

(二)海洋法制体系

总体上看,目前我国海洋立法体系比较完整,内容比较全面。按照我国《立法法》的有关规定,我国海洋立法体系主要有以下几个层级。

1. 法律

表2.1　我国涉海法律一览表

名称	颁布时间	立法机关
《中华人民共和国海洋环境保护法》	1982年通过,1999年修订	全国人大常委会
《中华人民共和国海上交通安全法》	1983年	全国人大常委会
《中华人民共和国矿产资源法》	1986年通过,1996年修正	全国人大常委会
《中华人民共和国渔业法》	1986年通过,2000年、2004年两次修正	全国人大常委会
《中华人民共和国领海及毗连区法》	1992年	全国人大常委会
《中华人民共和国测绘法》	1992年	全国人大常委会
《中华人民共和国专属经济区和大陆架法》	1998年	全国人大常委会
《中华人民共和国海域使用管理法》	2001年	全国人大常委会
《中华人民共和国水法》	2002年	全国人大常委会
《中华人民共和国环境影响评价法》	2002年	全国人大常委会
《中华人民共和国港口法》	2003年	全国人大常委会
《中华人民共和国野生动物保护法》	2004年	全国人大常委会
《中华人民共和国可再生能源法》	2005年	全国人大常委会
《中华人民共和国物权法》	2007年	全国人大常委会
《中华人民共和国海岛保护法》	2009年	全国人大常委会

2. 行政法规

表 2.2 涉海行政法规一览表

名称	颁布时间	立法机关
《中华人民共和国对外合作开采海洋石油资源条例》	1982 年	国务院
《中华人民共和国海洋石油勘探开发环境保护管理条例》	1983 年	国务院
《中华人民共和国防止船舶污染海域管理条例》	1983 年	国务院
《中华人民共和国海洋倾废管理条例》	1985 年	国务院
《中华人民共和国渔业法实施细则》	1987 年	国务院
《中华人民共和国航道管理条例》	1987 年	国务院
《中华人民共和国防止拆船污染环境管理条例》	1988 年	国务院
《中华人民共和国渔港水域交通安全管理条例》	1989 年	国务院
《铺设海底电缆管道管理规定》	1989 年	国务院
《中华人民共和国水下文物保护管理条例》	1989 年	国务院
《防治海岸工程建设项目污染损害海洋环境管理条例》	1990 年	国务院
《防治陆源污染物污染损害海洋环境管理条例》	1990 年	国务院
《中华人民共和国海上交通事故调查处理条例》	1990 年	国务院
《外商参与打捞中国沿海水域沉船沉物管理办法》	1992 年	国务院
《中华人民共和国水生野生动物保护实施条例》	1993 年	国务院
《中华人民共和国船舶和海上设施检验条例》	1993 年	国务院
《中华人民共和国自然保护区条例》	1994 年	国务院
《中华人民共和国航标条例》	1995 年	国务院
《中华人民共和国涉外海洋科学研究管理规定》	1996 年	国务院
《中华人民共和国国际海运条例》	2001 年	国务院
《防治海洋工程建设项目污染损害海洋环境管理条例》	2006 年	国务院
《基础测绘条例》	2009 年	国务院

3. 部门规章

表 2.3　涉海部门规章一览表

名称	颁布时间	立法机关
《中华人民共和国海洋石油勘探开发环境保护管理条例实施办法》	1990 年	国家海洋局
《中华人民共和国海洋倾废管理条例实施办法》	1990 年	国家海洋局
《铺设海底电缆管道管理规定实施办法》	1992 年	国家海洋局
《海洋行政处罚实施办法》	2002 年	国家海洋局
《海域使用测量管理办法》	2002 年	国家海洋局
《海域使用权证书管理办法》	2002 年	国家海洋局
《海底电缆管道保护规定》	2004 年	国土资源部
《委托签发废弃物海洋倾倒许可证管理办法》	2004 年	国土资源部
《海域使用权登记办法》	2006 年	国家海洋局
《海域使用权管理规定》	2006 年	国家海洋局
《海域使用管理违法违纪行为处分规定》	2008 年	国家海洋局

4. 地方性法规

表 2.4　涉海地方性法规一览表

名称	颁布时间	立法机关
《河北省海域使用管理条例》	1999 年	河北省人大常委会
《山东省海域使用管理条例》	2003 年	山东省人大常委会
《深圳经济特区海域污染防治条例》	2004 年	深圳市人大常委会
《江苏省海域使用管理条例》	2005 年	江苏省人大常委会
《天津市海域使用管理条例》	2007 年	天津市人大常委会
《山东省海洋环境保护条例》	2007 年	山东省人大常委会

续表

名称	颁布时间	立法机关
《唐山市节约用水条例》	2008 年	唐山市人大常委会
《海南省海洋环境保护规定》	2008 年	海南省人大常委会
《大连市循环经济促进条例》	2010 年	大连市人大常委会
《青岛市海洋环境保护规定》	2010 年	青岛市人大常委会
《宁波市城市供水和节约用水管理条例》	2010 年(修改)	宁波市人大常委会

5. 地方政府规章

表 2.5 涉海地方政府规章一览表

名称	颁布时间	立法机关
《辽宁省海域使用管理办法》	2005	辽宁省人民政府
《辽宁省海洋环境保护办法》	2006	辽宁省人民政府

除了上述《立法法》规定的立法层级外,在实践中,还有一些文件对我国海水资源的开发、利用和保护也做了重要规定,这些文件主要是由国务院和国家海洋局发布的。

国务院文件:如《国务院关于实行最严格水资源管理制度的意见》(国发[2012]3 号)、《国务院办公厅关于加快发展海水淡化产业的意见》(国办发[2012]13 号)、《国务院关于国家海洋事业发展规划纲要的批复》(国函[2008]9 号)、《国务院关于国土资源部〈报国务院批准的项目用海审批办法〉的批复》(国函[2003]44 号)、《国务院关于国土资源部〈省级海洋功能区划审批办法〉的批复》(国函[2003]38 号)、《国务院关于印发全国海洋经济发展规划纲要的通知》(国发[2003]13 号)、《国务院办公厅关于沿海省、自治区、直辖市审批项目用海有关问题的通知》(国办发[2002]36 号)、《国务院办公厅关于开展勘定省县两级海域行政区域界线工作有关问题的通知》(国办发[2002]12 号)、《国务院关于全国海洋功能区划的批复》

(国函[2002]77号)、《国务院办公厅关于印发国家海洋局主要职责内设机构和人员编制规定的通知》(国办发[2008]63号)等。

国家海洋局文件:如《关于进一步加强海域使用论证工作的若干意见》(国海管字[2009]200号)、《关于促进海水淡化产业发展的意见》(2012年9月26日)等。

通过以上梳理可见,我国海洋立法的内容涉及海域的使用与管理、海洋环境的保护、海洋生物资源的养护与管理、海上交通事故的调查处理等涉海的各方面问题,立法内容较为全面。但是,具体到海水资源的开发和利用以及海水的保护来看,我国目前的海洋法制则恰恰存在立法体系不完整和立法内容缺失的问题。

二、我国海水资源开发、利用和保护的法制现状

我国目前并没有专门关于海水资源开发和利用的法律、行政法规、部门规章以及地方性法规、规章,但有部分法律、法规涉及了海水利用的事项。这些涉及海水利用的法律、法规的规定中,有些规定适用于海水直接利用、海水淡化和海水化学资源综合利用三个方面,有的仅适用于其中某一方面。以下对海水直接利用、海水淡化和海水化学资源综合利用三个方面的共通性和非共通性法律规定进行梳理。除法律、法规以外,还存在大量有关海水资源开发的规范性文件,如《海水利用专项规划》、《国务院办公厅关于加快发展海水淡化产业的意见》、《关于促进海水淡化产业发展的意见》等,这些规范性文件在当前对海水资源利用产业的发展有着重要的规范作用,在本部分一并进行阐述。

(一)海水利用中共通性法律规定

1. 海洋环境保护的法律规定

海洋环境保护在海水资源利用领域有两个层面的含义:第一,为了保障所利用海水的水质,应避免海水污染;第二,在海水的直接利用、淡化利用和提取化学资源而利用中均可能需要大量汲取海水或排放浓盐

水、废热水，由此可能给近海海洋环境造成不利影响。如科学研究证明，海水淡化厂高温浓盐水的排放会影响整个排放区域的周围环境，引起当地水文地理环境和水质的恶化，并直接影响生物的生理机能，包括生物体内酶的活性、生物繁殖、呼吸和光合作用等。[①] 故应采取措施减少或避免由海水资源开发利用活动给海洋环境造成的不利影响。

《中华人民共和国海洋环境保护法》（以下简称《海洋环境保护法》）是我国保护海洋环境的基本法律。根据该法第 2 条规定，在中华人民共和国管辖海域内从事航行、勘探、开发、生产、旅游、科学研究及其他活动，或者在沿海陆域内从事影响海洋环境活动的任何单位和个人，都必须遵守该法。显然，海水资源开发利用活动在该法的管辖范围内。《海洋环境保护法》对防止因海岸工程建设、海洋石油勘探开发、船舶航行、废物倾倒、陆源污染物排入而损害海洋环境等作了法律规定，有利于防止海洋污染，保护海水水质，从而为海水资源的开发利用奠定基础。

《海洋环境保护法》的若干规定与海水利用直接相关。如该法第 36 条规定："向海域排放含热废水，必须采取有效措施，保证邻近渔业水域的水温符合国家海洋环境质量标准，避免热污染对水产资源的危害。"在海水作为工业冷却用水时，将有废热水的排放，因而必须遵守该规定，采取有效措施避免热污染对临近渔业水域的影响。又如，该法第 11 条规定："直接向海洋排放污染物的单位和个人，必须按照国家规定缴纳排污费。"海水利用工程向海域排放污染物，必须缴纳排污费，这是"污染者负担"原则的体现，有助于通过经济刺激手段促进在海水利用中进行污染物减排，同时也可为污染物治理筹集必要的资金。

除《海洋环境保护法》外，《中华人民共和国环境影响评价法》（以下简称《环境影响评价法》）也是与海水资源利用中的环境保护问题密切相关的一部法律。所谓环境影响评价，是指对规划和建设项目实施后可能造成的环境影响进行分析、预测和评估，提出预防或者减轻不良环境影响的对策和措施，进行跟踪监测的方法与制度。《环境影响评

---

① Mirir, Chouikhia: Eco – toxicological marine impacts from seawater desalination plants, Desalination, 2005, pp405 – 412.

价法》第16条规定:“建设单位应当按照下列规定组织编制环境影响报告书、环境影响报告表或者填报环境影响登记表(以下统称环境影响评价文件)。(一)可能造成重大环境影响的,应当编制环境影响报告书,对产生的环境影响进行全面评价;(二)可能造成轻度环境影响的,应当编制环境影响报告表,对产生的环境影响进行分析或者专项评价;(三)对环境影响很小、不需要进行环境影响评价的,应当填报环境影响登记表。建设项目的环境影响评价分类管理名录,由国务院环境保护行政主管部门制定并公布。”根据2008年8月颁布的《建设项目环境影响评价分类管理名录》(中华人民共和国环境保护部令第2号),海水淡化、海盐采集等建设项目应准备环境影响报告表。建设单位准备环境影响报告表后,应报环境保护行政主管部门审批,审批期限为30日。《环境影响评价法》第25条规定:“建设项目的环境影响评价文件未经法律规定的审批部门审查或者审查后未予批准的,该项目审批部门不得批准其建设,建设单位不得开工建设。”该法第27条规定:“在项目建设、运行过程中产生不符合经审批的环境影响评价文件的情形的,建设单位应当组织环境影响的后评价,采取改进措施,并报原环境影响评价文件审批部门和建设项目审批部门备案;原环境影响评价文件审批部门也可以责成建设单位进行环境影响的后评价,采取改进措施。”严格实施环境影响评价制度,可以有效减轻或消除海水利用带来的不利环境影响。

关于防治海水污染,我国还颁布过其他相关法规:《中华人民共和国防止船舶污染海域管理条例》、《中华人民共和国海洋石油勘探开发环境保护管理条例》、《中华人民共和国海洋倾废管理条例》、《中华人民共和国防止拆船污染环境管理条例》、《中华人民共和国防止陆源污染物污染损害海洋环境管理条例》和《中华人民共和国防止海岸工程建设项目污染损害海洋环境管理条例》,以及10余项政府各部门制定的海洋环境保护规章和保护标准等,形成了海洋环境保护法律体系。国家有关部门还制定了海洋环境保护规划和计划,以及湿地保护、生物多样性保护等专业计划,建立了全海域海洋监测网和近岸海域环境监测网。这些法律、行政法规的内容与《联合国海洋法公约》的原则和有关规定是一致的。它们的制定和实施,既维护了国家主权和海洋权益,也促进了海洋资源的合理开发和海洋环境的有效保护，使中国的海洋综合管理初步走上法制化轨道。

2. 海域使用法律规定

《中华人民共和国海域使用管理法》（以下简称《海域使用管理法》）是我国海域使用领域的基本法律，该法的核心内容是确立海域使用权及其登记管理规则。根据该法第2条规定，所谓海域，是指中华人民共和国内水、领海的水面、水体、海床和底土。在中华人民共和国内水、领海持续使用特定海域三个月以上的排他性用海活动，适用该法。海水的直接利用、淡化利用以及海水化学资源综合利用需要大规模汲取海水，可能涉及对海域的长期排他性利用，因而海水的利用活动要受到《海域使用管理法》的管辖，必须依照规定取得海域使用权。

根据《海域使用管理法》中有关规定的精神结合用海实践及物权法理论，海域使用权可以定义为：申请用海的单位和个人，依法定程序并经登记取得的，对国家所有的某一特定海域在一定期限内从事排他性的开发利用活动并享受其利益的权利。海域使用权派生于国家的海域所有权。根据我国《宪法》、《物权法》、《海域使用管理法》的规定，海域全部属于国家所有。国务院海洋行政主管部门代表国家负责海域使用权制度的实施。海域使用权是海域所有权中的部分权能与所有权人相分离而形成的权利，即海域使用权派生于国家的海域所有权，是国家奖特定海域一定期限内的占有、使用、收益权出让给使用者形成的权利。[①]

《海域使用管理法》第16条规定，单位和个人可以向县级以上人民政府海洋行政主管部门申请使用海域。申请使用海域的，申请人应当提交海域使用申请书、海域使用论证材料、相关的资信证明材料等书面材料。县级以上人民政府海洋行政主管部门收到申请后，依据海洋功能区划，对海域使用申请进行审核，并依照本法和省、自治区、直辖市人民政府的规定，报有批准权的人民政府批准。

海域使用申请经依法批准后，国务院海洋行政主管部门或地方人

① 刘保玉：《物权法学》，北京：中国法制出版社，2007年，第300－301页。

民政府应登记造册，向海域使用申请人颁发海域使用权证书。海域使用申请人自领取海域使用权证书之日起，取得海域使用权。《海域使用管理法》第33条规定，国家实行海域有偿使用制度。单位和个人使用海域，应当按照国务院的规定缴纳海域使用金。但符合一定条件的海域使用，可以减免海域使用金。《海域使用管理法》第36条规定："下列用海，按照国务院财政部门和国务院海洋行政主管部门的规定，经有批准权的人民政府财政部门和海洋行政主管部门审查批准，可以减缴或者免缴海域使用金：（一）公用设施用海；（二）国家重大建设项目用海；（三）养殖用海。"对于属于国家重大建设项目的海水利用项目，可以依据该条规定享受减免海域使用金的优惠。

海域使用权人依法使用海域并获得收益的权利受法律保护，任何单位和个人不得侵犯。海域使用权是有期限的权利，《海域使用管理法》第25条针对的不同海域使用方式规定了不同的使用期限，海水利用可能涵盖的盐业、矿业用海期限为30年，公益事业用海为40年。海域使用权期限届满，海域使用权人需要继续使用海域的，应当至迟于期限届满前二个月向原批准用海的人民政府申请续期。除根据公共利益或者国家安全需要收回海域使用权的外，原批准用海的人民政府应当批准续期。准予续期的，海域使用权人应当依法缴纳续期的海域使用金。

《海域使用管理法》颁布后，国家海洋局先后颁布《海域使用申请暂行审批办法》（2002年4月5日）、《海域使用权争议调解处理办法》（2002年4月28日）、《海域使用权证书管理办法》（2002年6月27日）、《海域使用权登记办法》（国海发[2002]23号）等部门规章或规范性文件配套《海域使用管理法》的实施，广东、广西、福建、河北等沿海省、市、区也制定了关于海域使用的地方性法规或地方政府规章。这些立法确立和明确了海域使用权的效力及行使、管理规则，奠定了因开发利用海水资源而使用海域者的民事权利基础。

3. 标准制度

标准是以法律形式确定的技术性要求，各项标准的确立是促使海水资源利用产业有序发展的重要保障。仅就海水淡化而言，《关于加快发展海水淡化产业的意见》(国办发[2012]13号)就提出应尽早建立海水淡化工程取排水口选址、取排水计量、取排水方式及设施、排水水质、取水水源地选划等标准,制订和完善海水淡化工程设计、产品认证、运行监测、设备能耗等标准。2006年,科学技术部、国家发展和改革委员会、国家海洋局、国家标准化管理委员会联合发布《海水利用标准发展计划》详细提出了海水资源利用领域需要确立的各种标准。海水利用相关标准的内容虽各不相同,但其制定应遵循《中华人民共和国标准化法》(以下简称《标准化法》)相关规定的要求。

《标准化法》第6条规定:"对需要在全国范围内统一的技术要求,应当制定国家标准。国家标准由国务院标准化行政主管部门制定。对没有国家标准而又需要在全国某个行业范围内统一的技术要求,可以制定行业标准。行业标准由国务院有关行政主管部门制定,并报国务院标准化行政主管部门备案,在公布国家标准之后,该项行业标准即行废止。对没有国家标准和行业标准而又需要在省、自治区、直辖市范围内统一的工业产品的安全、卫生要求,可以制定地方标准。地方标准由省、自治区、直辖市标准化行政主管部门制定,并报国务院标准化行政主管部门和国务院有关行政主管部门备案,在公布国家标准或者行业标准之后,该项地方标准即行废止。企业生产的产品没有国家标准和行业标准的,应当制定企业标准,作为组织生产的依据。企业的产品标准须报当地政府标准化行政主管部门和有关行政主管部门备案。已有国家标准或者行业标准的,国家鼓励企业制定严于国家标准或者行业标准的企业标准,在企业内部适用。"根据该条,在海水利用方面,可制定国家标准、行业标准、地方标准和企业标准,分别由国务院标准化行政主管部门,国务院行业有关行政主管部门,省、自治区、直辖市标准化行政主管部门和企业制定。在目前的情况下,可先由沿海省市或海水利用企业制定海水利用相关地方标准和企业标准,再由国家海洋局制定行业标准或者由国家标准化委员会制定国家标准。

《标准化法》第7条至第13条对标准制定提出了如下要求,这些要求同样适用于海水利用相关标准的制定。第一,海水利用相关国家标准、行业标准分为强制性标准和推荐性标准。保障人体健康,人身、财产安全的标准和法律、行政法规规定强制执行的标准是强制性标准,其他标准是推荐性标准。如海水淡化后作为饮水用的，制定相关淡化海水饮用水标准即为强制标准。第二，制定标准应当有利于保障安全和人民的身体健康，保护消费者的利益，保护环境。如制定的海水淡化工程排水水质标准应有利于保护近海海洋环境。第三，制定标准应当有利于合理利用国家资源，推广科学技术成果，提高经济效益，并符合使用要求，有利于产品的通用互换，做到技术上先进，经济上合理。如制定的海水淡化工程设计标准应兼顾技术先进性和经济可行性。第四，制定标准应当做到有关标准的协调配套。如制定海水淡化工程设计、产品认证、运行监测、设备能耗应相互协调一致，不矛盾冲突。第五，制定标准应当有利于促进对外经济技术合作和对外贸易。如制定的海水利用设备标准应有利于中国制造的相关设备"走出去"进入国际市场。第六，制定标准应当发挥行业协会、科学研究机构和学术团体的作用。制定标准的部门应当组织由专家组成的标准化技术委员会，负责标准的草拟，参加标准草案的审查工作。第七，标准实施后，制定标准的部门应当根据科学技术的发展和经济建设的需要适时进行复审，以确认现行标准继续有效或者予以修订、废止。

（二）海水利用中的非共同性法律规定

除共通性法律规定外，海水利用中还存在只适用于海水直接利用、海水淡化和海水化学资源综合利用某一方面的特别法律规定。

1. 海水直接利用方面的相关法律规定

海水直接利用，即以海水为原水，直接替代淡水作为工业用水和生活用水，海水直接利用在缓解沿海城市用水紧张方面占有重要地位。海水直接利用方面最为广泛的就是大生活用水（主要是海水冲厕）和工业用水。我国在这方面只有几项规划中的政策性规定，没有相关法律规定。同时，海水直接利用也要考虑净化和处理，避免直接排放造成对环境的破坏。目前我国仅有两件关于冷却排水方面的部门规章，即《国家环境保护总局关于对冷却水排放排污收费问题的复函》（2002 年）和《建设部关于发布国家标准〈工业循环水冷却设计规范〉的公告》（2003 年）。关于大生活用水（海水冲厕）问题，我国有《城市污水再生利用城市杂用水水质标准》(GB/T18920—2002),规定了城市杂用水水质标准(表2.6所示)。此标准虽不涉及海水直接利用,但可为将来制定直接利用海水的水质标准提供重要参考。

表2.6 城市杂用水水质标准

序号	项目	冲厕	道路清扫、消防	城市绿化	车辆冲洗	建筑施工
1	pH	6.0－9.0				
2	色/度≤	30				
3	嗅	无不快感				
4	浊度/NTU≤	5	10	10	5	20
5	溶解性总固体/(mg/L)≤	1 500	1 500	1 000	1 000	—
6	五日生化需氧量(BOD5)/(mg/L)≤	10	15	20	10	15
7	氨氮/(mg/L)≤	10	10	20	10	20
8	阴离子表面活性剂/(mg/L)≤	1.0	1.0	1.0	0.5	1.0
9	铁/(mg/L)≤	0.3	—	—	0.3	—
10	锰/(mg/L)≤	0.1	—	—	0.1	—
11	溶解氧/(mg/L)≥	1.0				
12	总余氯(mg/L)	接触30分钟后≥1.0,管网末端≥0.2				
13	总大肠菌群/(个/L)≤	3				

注:原表引自GB/T18920—2002。

2. 海水淡化方面的相关法律规定

海水淡化,即利用海水脱盐生产淡水。海水淡化主要是为了提供饮用水和农业用水,有时食用盐也会作为副产品被生产出来。海水淡化在中东地区很流行,在某些岛屿和船只上也被使用。

2002年开始施行的《中华人民共和国水法》的适用对象是我国领域内的淡水资源,包括地表水和地下水,该法实际上并没有对海水资源的开发和利用做出任何实质性规定,只在该法第80条规定,“海水的开发、利用、保护和管理，依照有关法律的规定执行。”该法第 24 条规定：“在水资源短缺地区，国家鼓励对雨水和微咸水的收集、开发、利用和对海水的利用、淡化。”

海水淡化另一个使用广泛的领域是海岛。但目前在许多岛屿上，基本上还没有摆脱靠天吃水的尴尬，一遇到降水偏少就会出现吃水难的问题。因此许多地方都在试图通过推广海水淡化设备解决这一难题。2010 年 3 月 1 日实施的《海岛保护法》中规定了保护海岛及其周边海域生态系统，合理开发利用海岛自然资源等相关内容，其中有两条涉及对海水淡化的支持及鼓励内容，第 17 条规定：“国家保护海岛植被，促进海岛淡水资源的涵养；支持有居民海岛淡水储存、海水淡化和岛外淡水引入工程设施的建设。”第 24 条规定：“有居民海岛的开发、建设应当优先采用风能、海洋能、太阳能等可再生能源和雨水集蓄、海水淡化、污水再生利用等技术。”

淡化后的饮水还关涉到饮用水安全问题，《水法》中虽有关于饮用水及水源的规定，但并不适用于海水问题。关于饮用水安全问题，国务院曾颁布过有关文件，即《国务院办公厅关于加强饮用水安全保障工作的通知》（国办发[2005]45 号）。

关于海水淡化的财税法律制度，在企业所得税方面，《中华人民共和国企业所得税法》第 27 条规定：“企业的下列所得，可以免征、减征企业所得税：（一）从事农、林、牧、渔业项目的所得；（二）从事国家重点扶持的公共基础设施项目投资经营的所得；（三）从事符合条件的环境保护、节能节水项目的所得；（四）符合条件的技术转让所得；（五）本法第三条第三款规定的所得。”根据《中华人民共和国企业所得税法实施条例》第 88 条，“企业所得税法第二十七条第（三）项所称符合条件的环境保护、节能节水项目，包括公共污水处理、公共垃圾处理、沼气综合开发利用、节能减排技术改造、海水淡化等。项目的具体条件和范围由国务院财政、税务主管部门商国务院有关部门制订，报国务院批准后公布施行。企业从事前款规定的符合条件的环境保护、节能节水项目的所得，自项目取得第一笔生产经营收入所属纳税年度起，第一年至第三年免征企业所得税，第四年至第六年减半征收企业所得税。”可见，海水淡化项目享受国家的企业所得税税收减免优惠，其优惠额度是取得首笔生产经营收入所属纳税年度起，第一年至第三年免征企业所得税，第四年至第六年减半征收企业所得税，共有6年税收优惠期。依据2009年财政部、国家税务总局、国家发展和改革委员会颁布的《环境保护节能节水项目企业所得税优惠目录（试行）》（财税[2009]166号），享受企业所得税优惠的海水淡化项目应符合表2.7所示条件。

表2.7　享受企业所得税优惠的海水淡化项目条件

	类别	适用条件
海水淡化	用作工业、生活用水的海水淡化项目	1. 符合《海水利用专项规划》中规定的发展重点以及区域布局等要求； 2. 规模不小于淡水产量10 000吨/日； 3. 热法海水淡化项目的物能消耗指标为吨水耗电量小于1.8千瓦时/吨、造水比大于8，膜法海水淡化项目的能耗指标为吨水耗电量小于4.0千瓦时/吨； 4. 国务院财政、税务主管部门规定的其他条件
	用作海岛军民饮用水的海水淡化项目	1. 符合《海水利用专项规划》中规定的发展重点以及区域布局等要求； 2. 热法海水淡化项目的物能消耗指标为吨水耗电量小于1.8千瓦时/吨、造水比大于8，膜法海水淡化项目的能耗指标为吨水耗电量小于4.0千瓦时/吨； 3. 国务院财政、税务主管部门规定的其他条件

此外，《企业所得税法》第28条规定："第二十八条符合条件的小型微利企业，减按20%的税率征收企业所得税。国家需要重点扶持的高新技术企业，减按15%的税率征收企业所得税。"该法第93条规定："第二十八条第二款所称国家需要重点扶持的高新技术企业，是指拥有核心自主知识产权，并同时符合下列条件的企业：（一）产品（服务）属于《国家重点支持的高新技术领域》规定的范围；（二）研究开发费用占销售收入的比例不低于规定比例；（三）高新技术产品（服务）收入占企业总收入的比例不低于规定比例；（四）科技人员占企业职工总数的

比例不低于规定比例;(五)高新技术企业认定管理办法规定的其他条件。《国家重点支持的高新技术领域》和高新技术企业认定管理办法由国务院科技、财政、税务主管部门商国务院有关部门制订,报国务院批准后公布施行。"海水淡化产业同时出现在《国家重点支持的高新技术领域详细目录》第7项"资源与环境技术"下第1目"水污染控制技术"的第5条,依规定可以享受《企业所得税法》规定的减按15%的税率征收企业所得税的优惠。

在增值税方面,根据《中华人民共和国增值税暂行条例》和财政部,国家税务总局《关于部分货物适用增值税低税率和简易办法征收增值税政策的通知》(财税[2009]19号),一般纳税人销售自产的自来水,可以选择按照13%的税率减去可以抵扣的进项税的差额申报纳税,也可以选择按照简易办法依6%的征收率计算缴纳增值税,但不得抵扣进项税额,一般纳税人选择简易办法计算缴纳增值税后,36个月内不得变更。海水淡化后供应自来水的,可享受该增值税的优惠。

3. 海水化学资源综合利用方面的相关法律规定

海水化学资源的综合利用,即从海水中提取化学元素、化学品及深加工等。海水淡化过程中产生大量的浓海水,直接排入大海会造成沿海环境的破坏,因此,在海水淡化的同时,必须对浓海水进行综合利用。我国对海水化学元素的提取,目前形成规模的有铀、钾、镁、溴、氯、钠、硫酸盐等。其中属于矿产资源①的有非金属矿产中的镁、钾、溴、钠等,属于能源矿产的有铀等,与提取铀、钾、镁、溴、氯、钠、硫酸盐等元素相关的法律主要是《矿产资源法》,该法在其适用范围中规定:在中华人民共和国领域及管辖海域勘查、开采矿产资源适用该法。②《矿产资源

① 参见:《矿产资源分类细目》。根据矿产特性及其主要用途矿产资源可分为能源矿产(如石油、煤炭)、金属矿产(如铁、铜)、非金属矿产(如金刚石、石灰岩、黏土)和水气矿产(如地下水、二氧化碳气)四大类。能源矿产:铀;矿产资源,从中国法律角度上讲,《矿产资源法实施细则》中定义了矿产资源的概念。所谓矿产资源是指由地质作用形成的,具有利用价值的,呈固态、液态、气态的自然资源。

② 《矿产资源法》(1996年)第二条:在中华人民共和国领域及管辖海域勘查、开采矿产资源,必须遵守本法。

法》第16条规定了领海及中国管辖的其他海域的矿产资源开发的许可证制度。另外,《矿产资源法实施细则》(1994年,国务院令第152号)中也有相关规定。[①]

海水化学资源的综合利用方面还没有专门性的法律法规及政策性文件。

海水化学资源的综合利用还涉及前面的海水淡化及直接利用环节。在海水淡化工艺上,可结合企业的实际情况,采用循环经济模式,实现资源综合利用和产业延伸。海水淡化过程中所产生的浓海水可直接用于晒盐,这样可以大量减少盐场所占面积;浓海水也可用于盐化工,作为制碱的原料等。因此,海水淡化工艺可与制盐或盐化工工艺衔接使用,采用循环经济模式,实现浓海水的综合利用。此外,还可以结合电力、冶金和化工等企业生产工艺中的余热进行综合利用,也可以在电厂实现"水电联产"。发展循环经济方面相关的法律是《循环经济促进法》,其立法目的是为了促进循环经济的发展,提高资源利用效率,保护和改善环境,实现可持续发展。海水资源的开发利用也需遵守该法的规定。

(三)我国政策性文件中对海水资源的开发、利用和保护的规定

由于我国海水资源利用的法律法规不健全,行政规范性文件在海水资源利用活动发挥了重要作用。我国政策文件中对海水资源的开发、利用和保护做出规定的主要有1996年《中国海洋21世纪议程》、2002年《全国海洋功能区划》、2003年《全国海洋经济发展规划纲要》、2005年《海水利用专项规划》、2006年《国家中长期科学和技术发展规划纲要》、2007年《区域可持续发展科技促进行动(2006—2010)》、2008年《国家海洋事业发展规划纲要》、2008年《全国科技兴海规划纲要2008—2015年》、2010年《关于加快培育和发展战略性新兴产业的决定》、2012年《关于加快发展海水淡化产业的意见》、2012年《关于促进海水淡化产业发展的意见》等等。现通过对这些政策文件相关内容

① 《矿产资源法实施细则》、《矿产资源分类细目》。

的分析加以说明。

1.《中国海洋21世纪议程》

1996年的《中国海洋21世纪议程》(简称《议程》),是根据1992年联合国环发大会通过的《21世纪议程》以及中国政府制定的《中国21世纪议程》而编写的文件。《议程》中特别提到,2020年的海洋产业分四个层次:①海洋交通运输业、滨海旅游业、海洋渔业、海洋油气业;②海水直接利用业、海洋药物业、海洋服务业、海盐业;③海水淡化、海洋能利用、滨海砂矿业、滩涂种植业、海水化学资源利用(重水、铀、钾、溴、镁等)、深海采矿业;④海底隧道、海上人工岛、跨海桥梁、海上机场、海上城市。可见,上述四个层次中的②与③都涉及海水资源的开发和利用。《议程》进一步规定了开发和利用海水资源的相关行动方案,主要包括发展盐化工业和促进海水直接利用和海水综合利用产业的形成。

2.《全国海洋功能区划》(国函[2002]77号)

《全国海洋功能区划》(简称《区划》),是2002年由国家海洋局发布的一个重要文件,其宗旨是控制、引导海域的使用方向,保护、改善海洋生态环境,促进海域的合理开发和海洋经济的可持续发展。该文件按照海洋功能标准,将海域划分为不同类型的功能区。目的是为海域使用管理和海洋环境保护工作提供科学依据,为国民经济和社会发展提供用海保障。

《区划》以合理开发海域,保护海洋环境为主线,突出三方面内容:第一,将我国管辖海域划定了港口航运区、渔业资源利用与养护区、旅游区、海水资源利用区、工程用海区、海洋保护区、特殊利用区、保留区等10种主要海洋功能区,并提出了每种海洋功能区的开发保护重点和管理要求。第二,确定了渤海、黄海、东海、南海四大海区中30个重点海域的主要功能,重点海域包括近岸海域、群岛海域及重要资源开发利用区。第三,制定了实施《区划》的主要措施,包括:完善海洋功能区划体系、技术支撑体系,认真组织实施海洋功能区划及加强监督检查等。特别是,在"海水资源利用区"这一部分,《区划》对该区域的定义、利用及其水质标准做了明确规定。

3.《全国海洋经济发展规划纲要》(国发[2003]13号)

《全国海洋经济发展规划纲要》(简称《规划纲要》),是国务院于2003年5月发布的文件。文件指出:海洋蕴藏着丰富的生物、油气和矿产资源,发展海洋经济对于促进沿海地区经济合理布局和产业结构调整,保持我国国民经济持续健康快速发展具有重要意义。《规划纲要》涉及的主要海洋产业有海洋渔业、海洋交通运输、海洋石油天然气、滨海旅游、海洋船舶、海盐及海洋化工、海水淡化及综合利用和海洋生物医药等。

《规划纲要》第三部分是发展海洋各产业的基本思路。其中,对于海盐及海洋化工业,《规划纲要》规定,海盐及盐化工业要坚持以盐为主、盐化结合、多种经营的方针,做好结构调整,提高工艺技术和装备水平,大力开发高附加值产品。继续进行海洋化学资源的综合利用和技术革新,加强系列产品开发和精深加工技术,重点发展化肥和精细化工。海洋化工要逐步形成规模较大的海水化学资源开发产业。海藻化工要不断开发新产品,扩大原料品种和产品品种,提高质量。对于海水利用业(主要是海水淡化和海水直接利用),则应当把发展海水利用作为战略性的接续产业加以培植。继续积极发展海水直接利用和海水淡化技术,重点是降低成本,扩大海水利用产业规模,使海水逐步成为工业和生活设施用水的重要水源。

《规划纲要》第六部分是发展海洋经济的主要措施。该部分规定,各级人民政府对海洋科技能力建设的投入,要重点支持对海洋经济有重大带动作用的海洋生物、海洋油气勘探开发、海水利用、海洋监测、深海探测等技术的研究开发。要加大海洋环境保护投入,保障海洋经济可持续发展,重点加强污染源治理,加快建设沿海城市、江河沿岸城市污水和固体废弃物处理设施。完善海洋生态环境监测系统与评价体系。加强赤潮研究、监控和预报,建立赤潮监控区。鼓励非政府组织开展海洋生态环境保护活动。

4.《海水利用专项规划》(发改环资[2005]1561号)

2005年,国家发展和改革委员会、国家海洋局、财政部联合发布了《海水利用专项规划》(简称《规划》)。《规划》涉及的海水利用包括:海水淡化、海水直接利用、海水化学资源利用及相关产业的发展,重点是海水淡化和海水直接利用;涉及区域包括全国沿海地区。该文件是我国中长期水资源节约和替代规划的重要组成部分,也是我国海水利用工作的指导性文件和海水利用项目建设的依据。

《规划》第四部分是"发展重点、区域布局和重点工程"。在"发展重点"中,《规划》特别提到了"海水利用主要领域的发展重点"及"海水利用技术发展重点"。

在"海水利用主要领域的发展重点"中,《规划》提到,海水淡化的发展:一是以海水淡化水作为城镇居民用水的重要水源和海岛军民的主要水源;二是以企业为主体生产企业生产和生活所需的淡化水,特别是生产海水淡化水作为锅炉补水等工业用的高纯水。而海水直接利用的发展:一是在沿海地区的重点行业(如电力、化工、石化等行业)大力推广直接利用海水作为原水,替代淡水作为工业用水。要结合沿海高用水行业的节水改造和新建项目,大力推广应用海水直流冷却和循环冷却;二是在有条件的沿海城市,推进海水作为大生活用水(如海水冲厕)。海水化学资源综合利用的发展:一是攻克浓海水制盐、提钾、提溴、提镁和提锂及其深加工等产业化技术;二是通过与海水淡化、循环冷却相结合,培育海水利用产业链。

在"海水利用技术发展重点"方面,《规划》提到,一是巩固、提高和普及有一定比较优势、国内市场需求较大的技术和装备。大力推广和普及的技术:海水直流冷却技术;中小规模的蒸馏法和膜法海水淡化工艺与技术。积极鼓励利用海水淡化技术,发展苦咸水淡化技术。二是在示范基础上进一步完善万立方米/日级海水淡化技术、万立方米级/小时海水循环冷却技术、海水冲厕技术。三是需进一步研发和示范的关键技术:较大规模(日产10万立方米及以上)海水淡化及循环冷却技术及成套设备;发展风能、太阳能、潮汐能等可再生能源与海水淡化结合工艺与技术;发展低温核能海水淡化工艺技术;综合利用海水淡化后的浓海水制盐，提取钾、溴、镁、锂及其深加工等海水化学资源高附加值利用技术；适宜海岛使用的海水淡化装置等。四是需加快国产化进程的技术：高性能海水淡化反渗透膜、能量回收装置和高压泵等组件，以及高效蒸馏部件等，要在提高性能、延长使用寿命等方面尽快缩短与国外的差距。五是积极发展有一定出口创汇能力的中小型海水淡化技术装备。鼓励发展成本低、效率高、竞争力强的热法中小型海水淡化技术与成套装置的出口。

《规划》第六部分是“政策与措施”。这部分主要是对发展海水利用产业制订了若干鼓励政策。其中包括：

(1)加强战略统筹，确立海水利用的战略地位。

要从战略上统筹协调海水有效替代与跨流域(地区)调水、全面节水以及其他非传统水源的开发利用的关系，沿海缺水城市新增供水(引水)能力和新增用水大户取水，应将调水、引水、取水工程方案与海水利用进行科学论证和方案比选，科学决策。各沿海地区也要按照国务院发布的《全国海洋经济发展规划纲要》的要求，把海水利用作为战略性的产业加以培育。对于严重缺水的沿海城市，除采取全面节水和必要的调水工程等措施外，要逐步实现海水对淡水资源的有效替代，形成海水作为沿海缺水城市重要水源的战略定位。确立海水淡化水作为海岛第一水源的战略定位。海岛要形成以海水淡化水为主体、淡水为补充的水资源保障体系，以彻底解决海岛的缺水问题。

(2)加快结构调整，优化沿海地区用水结构。

制定地区产业结构和布局调整方案。严格限制在缺水地区新建以淡水为水源的高用水项目，鼓励火电、石油化工、化工、钢铁等高用水行业建立以包括海水在内的非传统水源作为工业用水水源。强化源头控制。一是对在沿海缺水省市新建以淡水作为用水水源的高用水项目，有关部门不予淡水取水许可；二是在规划、设计、项目审批、项目水资源论证等环节，推动具备条件的工业项目或房地产项目利用海水。有效引导企业的海水替代。一是对有条件利用海水的企业，给予一定改造期限，逾期可采取限制使用淡水的措施。二是鼓励企业采用海水淡化水作锅炉补充水，直接利用海水作工业冷却水和冲厕用水。三是鼓励海水淡化水进入城市供水管网。四是通过试点，逐步建立水权交易市场。对通过利用海水而节省的自来水用水指标，允许保留，并鼓励有偿转让其用水指标。

(3)依靠科技进步，构筑海水利用技术装备支撑体系。

一是海水淡化要加快万立方米/日级的示范完善化和产业化、5万立方米/日级和10万立方米/日级技术的研发与示范；加快反渗透法海水淡化中的反渗透膜、能量回收和高压泵的开发和国产化。二是在电力、化工、石化、钢铁等高用水行业加快推广应用海水直流冷却技术，发展海水循环冷却技术，加快循环量为万立方米级/小时的示范完善化和产业化、5万立方米级/小时和10万立方米级/小时的研发与示范；三是加快海水化学资源综合利用技术的研发、工程示范和产业化步伐。因地制宜，选择海水淡化技术路线。对于能提供低品位热能的，可采用蒸馏法技术；对于电价较低或不能提供低品位热能的，可采用反渗透法技术；大力发展可为大规模海水淡化提供热能的技术；大型海水淡化工程可综合考虑用热法与膜法技术；积极探索太阳能、风能、潮汐能海水淡化技术。坚持自主创新与引进、消化、吸收相结合。建设国家海水资源开发利用工程研究中心，加快海水利用关键技术与装备国产化进程；鼓励企业和科研院所到国外承揽海水淡化与综合利用工程。

(4)推进依法管理，加快建立海水利用法律法规和标准体系。

建立和完善海水利用技术标准、管理标准和产品标准，将海水利用产品(装备)认证纳入节水产品认证范围。加强海水利用产品装备的质量监督检验。海水利用发展要严格执行国家环境保护包括海洋环境保护法律及有关配套法规和标准，有关执法部门要加大执法力度；所有海水利用建设项目，均要符合环境保护有关法律法规和标准要求。加快海水利用立法步伐，建立健全法规体系。在采取有效措施，积极推动现行有关海水利用法律规定的贯彻执行的同时，抓紧有关海水利用的立法研究。

(5)实行激励政策，大力扶持和促进海水利用产业化发展。

发挥价格杠杆作用。一是加快水价改革，形成合理水价机制。认真贯彻落实《国务院办公厅关于推进水价改革促进节约用水保护水资源的通知》(国办发[2004]36号)的精神，推进水价改革。经检测合格能够进入城市供水系统的海水淡化水价格，由各地根据《城市供水价格管理办法》(计价格[1998]1810号)的有关规定制定。二是对于以解决军民用水问题为目标的公益性海水淡化水厂,在用地、用能等价格上实行优惠政策。研究制定鼓励海水利用的财税政策。对从事有关海水利用特别是海水淡化的单位给予必要的税收优惠政策支持。财政部、国家税务总局会同国家发展改革委研究制定可操作的鼓励海水利用财税政策方案。国家利用政府投资对海水利用重大项目建设给予适当支持。一是加大对重点工程的支持力度;二是对以供应居民用水为主要目的海水淡化厂及其管网设施实行一定的补助;三是在投资导向上,对采用海水淡化以及电水联产、海水直接利用(包括海水冷却)等项目应优先立项,同时提倡多渠道融资。

(6)强化指导与协调,建立规划的实施机制。

国家发展和改革委员会同国家海洋局、财政部等部门,要对沿海省(区、市)特别是沿海缺水地区推进海水利用工作提出要求,把推进海水利用工作纳入全国资源节约活动的重要内容,认真贯彻落实《国务院办公厅关于开展资源节约活动的通知》精神,不断提高海水利用的规模和水平。强化规划的指导作用。要在本《海水利用专项规划》的指导下,加快编制和实施沿海省(区、市)海水利用专项规划。沿海省(区、市)海水利用规划要与本规划、沿海城市总体规划、水资源综合规划等相关规划相衔接。广泛宣传教育,增强全社会海水利用的自觉性。将海水利用的宣传纳入全国资源节约系列宣传活动。充分发挥相关学会和协会的作用,组织开展海水利用方面的国内外学术交流和有关活动。加强组织协调,建立海水利用综合协调机制。国家发展和改革委员会会同海洋、财税、建设、水利、科技等有关部门和沿海省(区、市),加强指导与协调,及时解决海水利用中的重大问题,大力推进海水利用工作。

5.《国家中长期科学和技术发展规划纲要》(国发[2005]44号)

2005年,国务院颁布了《国家中长期科学和技术发展规划纲要》(简称《纲要》)。《纲要》第三部分规定了科技发展的“重点领域及其优先主题”,其中第二个重点领域是“水和矿产资源”,该领域的一个优先主题就是“海水淡化”。《纲要》对此规定,要重点研究开发海水预处理技术,核能耦合和电水联产热法、膜法低成本淡化技术及关键材料,浓盐水综合利用技术等;开发可规模化应用的海水淡化热能设备、海水淡化装备和多联体耦合关键设备。该领域的另一个优先主题也涉及海水利用,即“海洋资源高效开发利用”,《纲要》就此规定,要重点开发海洋生物资源保护和高效利用技术,发展海水直接利用技术和海水化学资源综合利用技术。第三个重点领域是“环境”,该领域的一个优先主题是“海洋生态与环境保护”。《纲要》就此规定,要重点开发海洋生态与环境监测技术和设备,加强海洋生态与环境保护技术研究,发展近海海域生态与环境保护、修复及海上突发事件应急处理技术,开发高精度海洋动态环境数值预报技术。

6.《海水利用标准发展计划》(国标委工交联[2006]8 号)

推进标准化工作是海水利用技术和产业快速、健康、有序发展的迫切需要。但是我国海水利用标准研究相对滞后影响了海水利用产业化发展、行业管理以及市场规范。为解决这一问题,2006 年,科学技术部、国家发展和改革委员会、国家海洋局、国家标准化管理委员会联合发布《海水利用标准发展计划》,以期为海水利用产业化发展提供技术支撑。

该《计划》在分析我国海水利用发展现状和趋势的基础上,明确了海水利用标准化工作的指导思想、基本原则和主要目标。海水利用标准化工作应坚持坚持市场导向、突出重点、技术进步、国际接轨原则,力争在 2006—2010 年完成重点标准制修订项目 25 项(其中国家标准 7 项,行业标准 18 项),2010—2015 年期间完成 44 项标准制修订的工作目标,涉及海水淡化、海水冷却、海水化学资源提取、大生活用海水和海水综合利用等 5 个方面,从而到 2015 年底,建立健全重点突出、结构合理、科学适用的海水利用标准体系。该标准体系共有 96 项标准(其中 27 项为现有标准),覆盖了海水利用的术语和符号,工程设计、运行管理和评价方法,技术产品及其方法,处理药剂,防腐,水质要求,环境影响评价,排放要求等,如图 2. 1 所示。

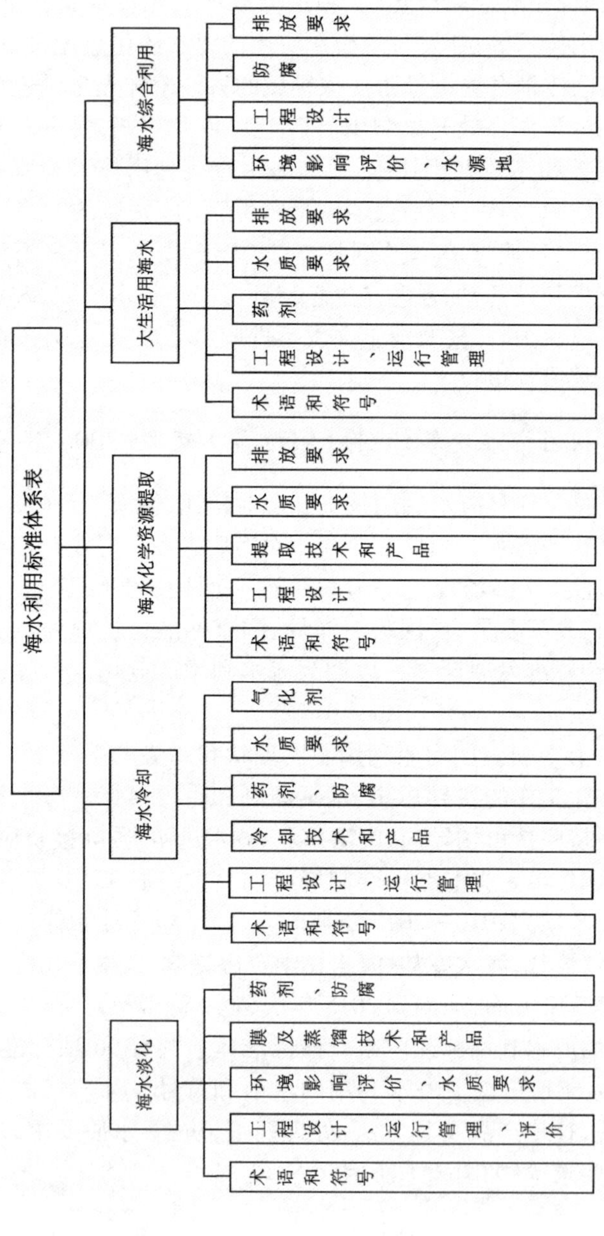

图 2.1 海水利用标准体系表

7.《区域可持续发展科技促进行动(2006—2010 年)》(国科发社字[2007]231 号)

《区域可持续发展科技促进行动(2006—2010 年)》(以下简称《行动》)是国家科学技术部于 2007 年发布的,其宗旨是依靠科技创新和科技进步促进我国经济和社会可持续发展,为建设资源节约型、环境友好型社会和构建社会主义和谐社会发挥好科学技术的“支撑”和“引领”作用,全面推进社会发展领域的科技工作。《行动》共分五部分,分别是“形势和需求”、“指导思想与原则”、“目标与任务”、“科技行动”和“保障措施”。在“科技行动”中,包含了“促进资源节约型社会建设科技行动”。该类科技行动的主要内容是开展水资源、矿产资源、土地资源的节约与综合利用技术的集成和应用示范;建立以节水、废旧物资回收利用、绿色消费等为特征的资源节约型城市示范;开展产品、行业、区域等不同层面的循环经济发展模式示范,在生产、流通、消费各个环节实现以最少的资源消耗获得最大的经济和社会收益。这类行动中特别提到了海水和苦咸水淡化、海水直接利用等技术的集成应用。

8.《国家海洋事业发展规划纲要》(国函[2008]9 号)

2008 年,国务院批准并印发了《国家海洋事业发展规划纲要》(以下简称《纲要》)。《纲要》是我国首次发布的海洋领域总体规划,对促进海洋事业的全面、协调、可持续发展和加快建设海洋强国具有重要的指导意义。《纲要》第二部分是我国海洋事业的“发展目标”,其中提到,我国“十一五”期间海洋事业要实现五个目标,其中包括“海洋经济发展向又好又快方向转变,对国民经济和社会发展的贡献率进一步提高。2010 年海洋生产总值占国内生产总值的 11% 以上;海洋产业结构趋向合理,第三产业比重超过 50% 以上;年均新增涉海就业岗位 100 万以上;海洋经济核算体系进一步完善。”很显然,海水资源利用产业作为海洋经济的一个重要组成部分,是《纲要》规定的重点发展领域。此外,《纲要》第九部分“海洋科技与教育”中,特别提到了要发展一些海洋关键技术,其中包括“海水淡化与综合利用技术”。显然,这是与上面提到的发展海水资源利用产业是相呼应的一个措施。

9.《全国科技兴海规划纲要(2008—2015 年)》(国海发[2008]21 号)

2008 年,国家海洋局和科学技术部根据《国家“十一五”海洋科学和技术发展规划纲要》、《全国海洋经济发展规划纲要》和《国家海洋事业发展规划纲要》,发布了《全国科技兴海规划纲要(2008—2015 年)》(以下简称《纲要》)。《纲要》的宗旨是发挥海洋科技对海洋经济的支撑和引领作用,加快海洋科技成果转化和产业化,促进海洋经济又好又快发展。为了促进“科技兴海”战略的实现,《纲要》共分四个部分。其中在第三部分“重点任务”中,特别提到了“海水综合利用产业链开发示范工程”,即通过 10 万吨级海水淡化与综合利用技术装备研发转化,结合缺水城市临海、临港区建设,重点示范海水循环冷却、海水淡化及浓盐水的综合利用技术,优化海水预处理、防腐蚀及防生物附着、设备配套、膜或热源高效利用等工艺技术。建设海水综合利用产业链区域示范工程,构建具有自主知识产权的海水淡化与综合利用关键技术体系,构建技术应用—装备产业化—产业链示范相互促进的海水综合利用产业链发展模式,提高海水淡化装备制造能力和产业化能力。

10.《关于加快培育和发展战略性新兴产业的决定》(国发[2010]32 号)

2010 年,国务院制定颁布了《关于加快培育和发展战略性新兴产业的决定》(以下简称《决定》)。该文件宗旨是在认识到发展战略性新兴产业重大意义的基础上,加快培育和发展我国的战略性新兴产业。《决定》第三部分列出了我国需要重点发展的新兴产业,其中包括“节能环保产业”。在本部分中,《决定》特别提到,积极推进海水综合利用。

11.《关于加快发展海水淡化产业的意见》(国办发[2012]13 号)

2012 年,国务院办公厅发布《关于加快发展海水淡化产业的意见》(以下简称《意见》)。该意见明确指出,海水淡化具有缓解我国沿海缺水地区和海岛水资源短缺，促进中西部地区苦咸水、微咸水淡化利用，优化用水结构，保障水资源持续利用的重要意义，有利于培育新的经济增长点，推动发展方式转变。在提出海水淡化领域中加强关键技术和装备研发、提高工程技术水平、培育海水淡化产业基地、组建海水淡化产业联盟、实施海水淡化示范工程、建设海水淡化示范城市、推动使用海水淡化水等七项重点工作后，该《意见》提出了如下政策保障措施。

(1)加大财税政策支持力度。

中央预算内投资积极支持实施海水淡化重点示范工程和以市政供水为主要目的的海水淡化工程项目。

(2)实施金融和价格支持政策。

鼓励金融机构在风险可控和商业可持续的前提下，创新信贷品种和抵质押方式，加大对海水淡化项目的信贷支持；支持符合条件的海水淡化企业采取发行股票、债券等多种方式筹集资金，拓展融资渠道；引导民间资本合理、规范地进入海水淡化产业。在沿海地区，特别是沿海缺水地区和海岛，加快建立能够反映资源稀缺性、科学合理的水价形成机制，提高供水企业使用海水淡化水的积极性。

(3)完善法规标准。

研究制定海水淡化相关法律法规，明确海水淡化的战略定位，从资源开发、环境保护、安全供给和产业发展等方面对海水淡化产业发展进行引导和规范。研究制定海水淡化取排水、原材料和药剂、淡化水水质及卫生检验、海水淡化工艺技术、检测技术、工程设计和运行管理、海水淡化监管标准以及相关设备的设计和质量标准等，加强对海水淡化产业发展的引导和规范。

(4)加强监督管理。

切实加强对沿海地区和海岛新建、改建和扩建高耗水工业项目审批工作的监督管理，杜绝违规批准不符合规定的项目。加强对海水淡化相关设备和产品的质量监督。严格实行海水淡化水进入市政供水系统的审批制度，加强对海水淡化生产运行和供水水质的监管，确保供水安全。严格执行环境保护法律法规和标准，依法对取水和浓盐水排放行为开展环境影响评价，加强污染物排放监管，确保海水淡化产业与生态环境协调发展。

(5)强化宣传培训。

利用各种宣传媒介广泛宣传海水淡化的重大意义，不断提高公众的水资源忧患意识，充分认识海水淡化作为水资源的重要补充和战略储备，以及在提高资源利用效率和保护环境方面的重要作用。

12.《关于促进海水淡化产业发展的意见》(2012 年 9 月 26 日)

为落实国务院办公厅发布《关于加快发展海水淡化产业的意见》后，国家海洋局 2012 年 9 月 26 日发布《关于促进海水淡化产业发展的意见》，就促进海水淡化产业快速、有序、健康发展提出如下具体意见。

(1)支持海水淡化技术研发与应用。

加大对海水淡化关键技术研发的支持力度，支持开展海水淡化新技术、大型海水循环冷却技术和浓海水资源高效提取技术研究，加快培育国家海水淡化与综合利用科技创新基地，鼓励并支持自主海水淡化技术在沿海和海岛地区的工程应用，建设海水淡化示范海岛。

(2)健全海水淡化标准体系。

根据海水淡化技术特点和产业发展需要，加快推进海水淡化标准化工作，抓紧制定海水淡化工程取排水口选址、取排水计量、取排水方式及设施、排水水质、取水水源地选划等标准，制订和完善海水淡化工程设计、产品认证、运行监测、设备能耗等标准。到 2015 年，基本形成比较健全的、保障海水淡化产业健康发展的标准体系。

(3)保障海水淡化工程用海供给。

沿海各级海洋行政主管部门应综合考虑海水淡化产业发展需要，在海洋功能区划编制过程中，陆海统筹、合理安排海水淡化工程用海，引导海水淡化产业科学布局。各级海洋行政主管部门应当积极做好海水淡化工程用海选址、论证评审、用海申请审批等管理服务工作，海水淡化工程海域周边的其他用海审批应充分考虑并保证海水淡化工程取水需要，严格控制海水淡化工程取水口附近的排污用海。

加快研究制定海水淡化工程用海范围界定标准，落实海域使用金减免优惠政策，优先满足应用自主技术、符合循环经济发展的海水淡化工程用海需求，保障国家级海水淡化重大示范工程用海供给。

（4）促进海水淡化与海洋环境协调发展。

沿海各级海洋行政主管部门应按照海洋环境保护有关法律法规，做好海水淡化工程环评报告书论证评审、审批等管理服务工作。重点做好万吨级以上大型海水淡化工程和海洋生物种类丰富、环境条件复杂海域海水淡化工程的环评报告书审查。鼓励对海水淡化后浓海水进行综合利用，对于海水淡化后浓海水排海工程要进行充分论证，促进海水淡化与海洋环境协调发展。

（5）加强海水淡化工程运行监测评估。

组织建立海水淡化工程运行监测评估机制和技术体系，先期选取海水淡化发展较快且相对集中的地区开展监测评估示范，对工程运行过程能耗、产水量、取排水量和取排水水质等主要指标，以及工程附近海域海洋环境实施监测评估，对用作饮用水水源的海水淡化工程取水水源地实施监测，严格保护取水水源地。到2015年前基本建成覆盖我国沿海地区的海水淡化工程监测评估体系，为中央和地方各级政府管理海水淡化工程并制定海水淡化补助政策提供技术支撑。

（6）加快开展海水淡化工程海洋灾害风险评估。

组织建立大型海水淡化工程海洋灾害风险评估技术体系和工作机制并制定相关管理制度。各级海洋行政主管部门在大型海水淡化工程项目的规划和建设时，应充分评估风暴潮、海浪、海啸、海冰、海平面上升等海洋灾害影响，指导有关单位制定工程海洋灾害应急预案，确保海水淡化工程选址安全和具备有效防御海洋灾害的能力。在海水淡化水已成为生产生活重要水源的地区务必要加快开展相关工作，全面加强海水淡化工程海洋灾害应急管理。

（7）加大海水淡化宣传和培训力度。

组织开展多层次、多形式的宣传和培训工作，组织开展海水淡化职业教育、技能培训和国家职业技能鉴定工作，组织开展海水淡化技术国内外交流，引导并支持自主技术进军国际市场，促进我国海水淡化技术与产业全面发展。

三、我国海水资源开发、利用和保护的法制现状评价

如前所述,我国目前专门针对海水资源开发、利用和保护的法制实际上主要是由一些政策性文件组成的,并没有专门立法。这些政策性文件中,对海水资源的开发、利用和保护做出了一些规定,这些规定可以分为两大类:一是对海水资源开发利用产业的一些规划和展望,这构成了目前相关规定的主体;二是对海水资源开发和利用的一些激励措施。如《海水利用专项规划》中“实行激励政策,大力扶持和促进海水利用产业化发展”,但是这类措施所占分量并不多,具体包括以下几个方面。

(一)法律体系不健全

从整体上看,我国尚未形成调整海水资源开发、利用与保护活动的一整套法律制度体系,从而难以发挥法律在海水资源开发、利用与保护活动中的保障作用。

在理想的状态下,海水资源法律体系应由法律规定一系列海水资源开发与保护的基本制度,然后由法规、规章及行政规范性文件将法律的基本制度规定落到实处。如此,法律的相关规定才能相互配合、形成制度合力,促进海水资源产业持续健康发展。然而,目前我国关于海水资源的法律规定相当零碎,缺乏体系化的考量与设计,影响法律规定的实效。如根据《企业所得税法》、《企业所得税法实施条例》和相关规范性文件,海水淡化项目企业可享受缴纳企业所得税方面的优惠。一方面,仅明确规定海水淡化项目企业可享受企业所得税方面的优惠,将海水直接利用、海水化学资源利用项目企业排除在外,其适用范围有过窄之嫌;另一方面,对海水利用这一新兴产业,除企业所得税的优惠外,应再有补贴、贷款等方面的财税法律制度予以支持。存在这两方面问题的重要原因是海水资源法律体系尚未建立,没有对海水资源开发、利用和保护的财税支持法律制度进行系统化的设计。

（二）战略规划及宏观指导层面的政策性文件较多，效力等级不高

从前一部分对海水利用法律及政策规定的梳理情况看，法律规定仅占据少部分，规范性政策文件占据多数，由此造成两方面的问题。

第一，相较于法律法规，规范性文件的效力等级不高，权威性、稳定性均不足，难以促使市场主体形成确定的市场预期并积极从事海水资源的开发利用活动。如2012年《关于加快培育和发展战略性新兴产业的决定》提出引导民间资本合理、规范地进入海水淡化产业，如果在法律层面缺乏对民间投资者投资权益保护的规定，民间投资者在进入海水淡化产业时仍不免顾虑重重，逡巡不前。

第二，从目前颁布的规范性文件看，较多内容不甚具体，执行情况值得关注。如《国家"十一五"海洋科学和技术发展规划纲要》、《全国海洋经济发展规划纲要》、《国家海洋事业发展规划纲要》、《全国科技兴海规划纲要（2008—2015年）》等提出鼓励发展海水利用科学技术，但若没有具体的制度规定予以支持，则其实施成效缺乏保障。

（三）相关规定需加强衔接、协调

目前，我国有关海水资源开发、利用、保护的规定分散，涉及与诸多有关法律法规衔接的问题。如：海水淡化既会涉及海域使用问题，同时也会涉及饮用水安全及淡化设施选址等问题，《海域使用管理法》、《海洋环境保护法》、《水法》以及《水污染防治法》等都与之有关，需要对几部法律中的相关规定进行协调。而海水综合利用还涉及与《矿产资源法》、《循环经济促进法》等相关法规的协调问题。

（四）标准体系亟待完善

标准是技术性的法律规范。建立完善的标准制度，可为海水利用产业提供明确的指引与要求，是确保海水利用活动规范、有序的必要条件。

我国海水淡化与综合利用技术研究起步于20世纪60年代，经过国家科技攻关的支持，完成了大量科研项目，取得了一批重要科研成

果。随着海水利用技术的发展,其标准化工作也取得了一定进展。20世纪70年代,针对微孔滤膜、超滤膜、反渗透膜等水处理装置、组件和相关检测技术开展了企业标准、行业标准的制定工作。目前,在海水利用领域已发布《膜法水处理反渗透海水淡化工程设计规范》、《电渗析技术》、《中空纤维反渗透技术》、《卷式超滤技术》、《微孔滤膜孔性能测定方法》等27项行业标准。因为海水利用技术性强,与人类的生存与发展有重大关系,仍有众多标准需要制定,如涉及药剂、防腐等的海水淡化专用化学药剂标准、碳钢制海水淡化蒸发器防腐涂料、海水淡化浓海水排放环境影响评价方法、海水淡化用水水质要求、大生活用水标准等等。

推进海水利用产业化发展,完善有关标准乃当务之急。要在示范工程基础上,研究和建立海水利用标准体系,制订和实施相关标准。建立和完善海水利用技术标准、管理标准和产品标准,将海水利用产品(装备)认证纳入节水产品认证范围。完善海水淡化综合利用标准应以海水冷却技术、大生活用海水技术、海水淡化工程、海水综合利用等方面的基础标准、方法标准、产品标准的研制为主。加强海水利用产品装备的质量监督检验,促进海水利用产业的规范化、法制化发展。

(五)欠缺鼓励海水利用的法律

海水利用作为新兴产业,在发展之初尤其需要激励性法律制度予以扶持,如此才能保障海水利用产业又好又快发展。例如,在海水淡化领域,由于淡化技术不成熟,海水淡化水的价格较普通自来水的价格高,如果对海水淡化企业没有一定的税收优惠或价格补贴,海水淡化水与普通自来水相比在市场中缺乏竞争力,产生需求不足的结果。需求不足又将影响资本向海水淡化领域流入,从而制约了海水淡化技术的进一步发展成熟,导致恶性循环的局面产生。

因此,应通过良好的法律环境来扶持和激励海水资源利用产业的发展。我国现行法律法规中缺乏鼓励海资源水利用的具体规定,仅有少数条文笼统提到应该鼓励海水淡化,没有形成具体的政策和制度,没有实质性内容。如缺乏类似自来水、公益性水利工程等具体扶持、鼓励政策措施,而海水淡化完全按成本核算,影响了地方和企业的积极性,使得一开始就靠市场行为发展的海水利用受到很大影响，从而制约了产业发展。

（六）海水淡化市场准入制度尚未确立

市场准入制度是指市场主体和货物、服务、资本等要素进入某一市场领域的制度规范。海水淡利用在海水利用中处于主要地位。当前，一方面我国应积极促进海水利用产业的发展；另一方面我国也应对这一产业的发展提出必要的要求，以免这一新兴产业在建立之初就问题重重，毕竟防患于未然胜于治患于已然。市场准入制度是确保海水淡化市场有序的门槛性制度，这一制度在我国尚未确立，由此产生一些问题。

首先，由于目前缺少市场主体的准入制度对于海水淡化产业的市场选择问题，即是否允许私人自由进入、完全国有化、抑或由国家控股私人进入，并没有规定，导致目前海水淡化市场中企业良莠不齐，产品水质量难以保障。

其次，产业规划问题。一方面是地区规划。我国沿海地区的水资源严重不足，特别是长江以北的沿海城市更为严重，大部分城市和地区人均水资源量低于500立方米的国际缺水标准。对于这些地区是否发展海水淡化行业及如何发展海水淡化产业的规划需要考虑。由于我国没有建立准入制度，导致企业趋利避害，在条件较好的地区过度开发，对海洋环境造成很大影响。另一方面是行业发展规划。海水淡化产业化发展尚处于摸索阶段，由于市场调节的弊病，企业容易跟风，而目前市场准入中无法可依，造成“谁都可以进、谁都可以采”的现象，既浪费了资源，又对环境带来影响。又因为市场中主体参差不齐，产品水质量标准不一，价格各异，市场链没有形成，对于淡化水是否进入市政管网难以统一，对海水淡化产业长远发展非常不利。

（七）缺乏海水利用开发对海洋生态影响及生态补偿的规定

发展海水淡化产业的同时，也应注意大规模海水淡化所产生的海洋环境污染问题。海水淡化所排出的大量浓盐水，含盐量一般是海水的两倍，且温度高于海水，通常直接排入海洋中。因此废海水中的热能会使局部海域水温升高，导致某些浮游生物急遽繁殖和高度密集，造成海洋生物大量死亡。海水水温的升高还会使海水中的溶氧量降低，影响生物的新陈代谢，甚至使生物群落发生改变，破坏海洋生物的栖息环境。此外，蒸发法淡化易引起腐蚀，可能会把一些重金属排入废液，逆渗透法也有类似的问题，它需要用化学品作预处理和清洁薄膜，这些化学品最后也成为废液。为解决海洋环境的污染问题，废液须于排放前先做处理，排放的浓盐水则引入大海深处，让浓盐水和天然海水自然混合，以解决浓盐水的区域性污染问题。而且，浓盐水须控制在适当的温度后再排放。我国现行法律体系中缺少对海水利用、开发保护的具体规定，对海水利用带来的生态环境的损害没有引起足够重视。我国的海洋污染管理贯彻预防为主、防治结合的方针，在海水资源开发利用中，必须以保护水资源为前提，使海水产业可持续发展。

为了我国海水利用产业的健康快速发展，制定和完善相关法制是必需的。从近期来看，这项工作应重点从以下三方面展开。

第一，从法律、法规或规章层面确立与完善对海水利用的激励措施，这些激励措施涵盖税收、信贷、补贴等诸多方面，如对淡化海水进入市政管网予以价格补贴，对海水利用项目建设贷款予以财政贴息，对符合条件的海水利用项目企业予以税收减免等。通过完善激励性的法律制度，真正调动海水利用主体的积极性，引导资本进入海水利用产业，促进海水利用技术的发展与推广。

第二，尽快完善海水利用的各种标准体系，在海水利用产业发展之初确保各项工作有法可依，确保海水利用的有序与规范。根据《中华人民共和国标准化法》第 5 条："国务院标准化行政主管部门统一管理全国标准化工作。国务院有关行政主管部门分工管理本部门、本行业的标准化工作。"因此，作为海洋行政主管部门，国家海洋局应与国务院标准化行政主管部门合作，及早建立与完善海水利用的标准体系，包括强制性标准与推荐性标准。

第三，及早确立海水淡化市场准入制度。在海水直接利用、淡化利用与提取化学资源综合利用的三种利用方式中，海水淡化利用居于重要地位。海水淡化市场作为新兴市场，尤其需要市场准入门槛限制，以免市场中企业良莠不齐，产品水质量难以保障。确立市场准入制度设计行政许可，根据《行政许可法》第 12 条："下列事项可以设定行政许可：（一）直接涉及国家安全、公共安全、经济宏观调控、生态环境保护以及直接关系人身健康、生命财产安全等特定活动，需要按照法定条件予以批准的事项；（二）有限自然资源开发利用、公共资源配置以及直接关系公共利益的特定行业的市场准入等，需要赋予特定权利的事项；（三）提供公众服务并且直接关系公共利益的职业、行业，需要确定具备特殊信誉、特殊条件或者特殊技能等资格、资质的事项；（四）直接关系公共安全、人身健康、生命财产安全的重要设备、设施、产品、物品，需要按照技术标准、技术规范，通过检验、检测、检疫等方式进行审定的事项；（五）企业或者其他组织的设立等，需要确定主体资格的事项；（六）法律、行政法规规定可以设定行政许可的其他事项。"海水利用作为水资源的供给方式之一，直接涉及公共利益，在将海水淡化水并入市政供水管网时，还直接关系人身健康，因此设定海水淡化市场准入许可符合该法的规定。

从长期来看，应在适当时候启动海水利用的立法程序，系统性地确立海水利用的各项法律制度。可以考虑在法律或者行政法规层面制定海水利用的单项立法，建立海水直接利用、淡化利用和提取化学资源利用的各项具有共性和个性的制度，以此为海水利用产业的持续、健康、快速发展奠定坚实的法制基础。

四、我国香港特别行政区海水资源利用的法律制度

（一）香港地区海水利用的基本情况

香港特别行政区人口为 711 万（2011 年），总面积为 1 070 平方千米，是世界上最大最繁忙的国际大都市之一。香港临海又无大江、大河、大湖，淡水资源供应极其短缺。目前，香港供水水源，一是来自占全香港土地总面积 1/3 的庞大雨水收集系统，二是来自广东省的东深供水工程，供水量达 7.6 亿立方米/年，占全港淡水需求量的 80% 以上。

全香港现有水塘存水总量为5.86亿立方米，其中容积最大的两个是在海中兴建的淡水湖，占存水量的87%。[①] 为缓解水资源供应不足的情况，从20世纪50年代起，香港水务署就积极推动海水直接利用，以替代部分淡水资源。

自20世纪50年代开始，香港特别行政区政府在高密度发展区及政府建筑物引入海水冲厕，从20世纪70年代开始扩展至整个市区及多个新市镇，目前市区和大部分新市镇已经使用海水冲厕，覆盖全港近80%的人口。2008年，海水年供应量达2.75亿立方米，约占总用水量的22%，供应人口达548万。也就是说，使用海水代替淡水冲厕可以减少淡水用量的22%，若按购买东江水的费用(约每立方米3元)，每年可节省多达8亿元港币，效益可观。[②] 1989—1998年香港海水利用情况见表2.8。

表2.8 1989—1998年香港海水利用情况[③]

年份	1989	1990	1991	1992	1993	1994	1995	1996	1997	1998
海水用量/亿立方米	1.12	1.19	1.23	1.27	1.29	1.42	1.59	1.85	1.98	1.99
供应人口/万人	337	358	370	382	384	404	440	463	492	508

(二)香港地区的建筑物双供水系统

海水冲厕要求建筑物必须区分海水与淡水供应双系统，香港规定所有建筑物都应有两个供水系统，一是淡水供应系统，另一是冲厕水即海水供应系统，即使暂时没有海水供应的地区也是如此。海水冲厕系统主要由供水站(泵房)、配水管、调蓄水池等组成，自成一套独立的配水管网体系，供水站就近取海水并适当处理后供用户使用。香港水务

① 武周虎，张国辉，武桂芝：《香港利用海水冲厕的实践》，载于《中国给水排水》，2000年第11期。

② 程宏伟，林里，刘德明：《香港应用海水冲厕工程综述》，载于《福建建筑》，2010年第8期。

③ 顾正斌，张红梅，邓春芳：《我国海水资源利用及其发展前景》，载于《海河水利》，2012年第10期。

署为海边抽水站的进水口及海水分配系统中的水质分别制定了标准(表2.9)。该标准是根据海水的外观标准、海水抽水站的过滤能力以及洗浴水和污水经处理回用的有关标准而制定的。①

表2.9　香港海水冲厕水质标准

项目	海水抽水站进水点的海水水质指标	冲厕水分配系统的海水水质指标	
		目标值	最大值
颜色度(度)	<20	<20	<40
混浊度(度)	<10	<10	<20
气味阈限数	<100	<100	<100
氨氮(mg/L)	<1	<1	<1
悬浮固体(mg/L)	<10	<10	<20
溶解氧(mg/L)	>2	>2	>2
BOD5(mg/L)	<10	<10	<10
合成洗涤剂(mg/L)	<5	<5	<5
大肠杆菌(个/100mL)	<20 000	<1 000	<5 000

在香港海水的使用是免费的,有海水供应的地区必须用海水冲厕,但不允许作其他用途,若用淡水冲厕或用冲厕海水作为他用均属违法。

由于海水中的氯化物和硫酸盐含量甚高,海水冲厕供应系统的每个部分(包括调蓄水池),均需以适用于海水的材料建造。

在内部供水设施方面,球墨铸铁管及低塑性聚氯乙烯水管(PVC2U)最为常用。《楼宇内部供水设备防锈喉管物料》(一般资料)是香港水务署推荐采用的各种抗锈蚀喉管物料汇编,供用户参考。

香港供应的海水,一般在系统内保持 14.7×10^4 帕的水压,不足以为多层大厦的所有用户提供用水。因此,往往要采用间接供水系统,即使采用的是直接供水系统,设置楼顶水箱仍然是必要的,其目的是减少输水管直接供水遭受污染的危险。

---

① 张雨山,王静,成玉,单科,姜天翔:《大生活用海水水质标准研究》,载于《海洋技术》,2005年第3期。

(三)香港地区海水冲厕的有关政策和法规

香港以法规形式对海水冲厕技术做了严格规定。《水务设施条例》是香港管制水务设施的法例,《水务设施规例》是其附属法例,而《香港水务标准规格》(楼宇内水管装置适用),是一套由香港水务署根据水务设施条例赋予的权利而制订的标准,这些法例和标准有效保证了海水供应系统的正常运行。

1.《水务设施条例》和《水务设施规例》

《水务设施条例》旨在废除与代替《1938 年水务设施条例》,《水务设施规例》第 12 条①和第 15 条②以及附表 2 的第五部分③分别对淡水和咸水冲厕、冲厕器具进行了详细的规定。未经许可,在任何处所使用

---

① 第 12 条 用淡水冲厕 版本日期 01/07/1997

(1)如未经水务监督书面许可,而在任何处所内使用来自水务设施的淡水冲洗水厕、厕所或尿厕,则该处所的占用人及业主均属犯罪。

② 第 15 条 用咸水冲厕 版本日期 30/06/1997

(1)水务监督可规定用咸水冲洗水厕、厕所及尿厕,并可供应咸水作该用途。

(2)用咸水冲洗的水厕、厕所及尿厕,其喉管及装置须以适宜使用咸水的材料建造。

(3)凡水务监督根据第(1)款规定须使用咸水冲洗现有的并使用非咸水的用水冲洗的水厕、厕所或尿厕,则如有需要,该等水厕、厕所或尿厕的喉管及装置须由处所的业主更换,以符合第(2)款的规定。

③ 1. 冲厕水箱必须为无阀虹吸式,但获水务监督另作批准者,则属例外。另须在容易接触的位置装设断流阀,以便控制水箱的供水。2. 水厕设备及污水盆的冲厕水箱,必须可以在该等设备每次使用时,排放不少于 7.5 升但不多于 15 升的冲厕用水。3. 槽式水厕及尿厕的冲厕水箱容量,须由水务监督批准,并须符合下列条件:即如属槽式水厕,就每米槽道而排放的冲厕用水不少于 9 升;如属尿厕,每厕盆或厕坑不少于 4.5 升;如属槽式尿厕,则每米槽道不少于 4.5 升。4. 冲厕喉管的内直径须符合下列规定 –(a) 就水厕设备、槽式水厕及污水盆而言,不少于 30 毫米;(b) 就尿厕(槽式尿厕除外)而言,每个厕盆及厕坑,不少于 15 毫米;及(c) 就槽式尿厕而言,每米槽道不少于 15 毫米。5. 除获水务监督书面许可而安装的自动冲厕系统外,所有冲厕器具必须由人手操作。如属自动冲厕系统,其控制方法、冲厕用水量及次数,须由水务监督决定。6. 人手操作的冲厕水箱,必须设有可于 2 分钟内重新注满水箱的浮球阀。7. 在所有情况下,冲厕水箱须由蓄水池供水,而该类蓄水池不得用作供水予其他器具、用具或装置。每个该类水池须装设合适的紧合水池盖,并有适当通道,方便进入及清洁水池。8. 冲厕水箱必须在显眼位置设有溢水口以作排放溢水。9. 不得使用没有冲厕水箱的冲厕器具。

来自水务设施的淡水冲洗水厕、厕所或尿厕,则为违法。在有海水供应的地区,必须用海水冲厕,目的是节约宝贵的淡水资源。凡有海水供应的地区,不准使用淡水冲厕,必须接受海水冲厕的安排。冲厕用海水不做计量,免费供应。冲厕水箱必须为无阀虹吸式,另需在容易接触的位置装设断流阀,以便控制水箱的供水。使用海水冲厕用海水的系统,其喉管及装置须以适宜使用海水的材料建造,对独立贮水箱的进水管直径、贮水量以及使用的材料作了细致的规定。

2.《香港水务标准规格》①

根据香港法例第102章《水务设施条例》第14(3)条规定,凡楼宇内部供水设备或消防供水设备的喉管及配件,水务监督有权订明其建造及安装的方式,以及其性质、大小及品质。因此,凡就楼宇内部供水设备及消防供水设备建议的水管图则,一概须经水务监督核准。除了香港法例第102章《水务设施规例》附表2所订明或按该规例第25(1)条所修订的各项规格外,香港水务标准规格列明了一套适用于装设内部供水设备及消防供水设备的一般规格。《香港水务标准规格》(楼宇内水管装置适用)明确规定了凡冲厕用水须另设独立贮水箱,所有建筑物在建造时必须建有地下海水贮槽以及将海水供至建筑物顶部贮槽的供水系统,建筑物内应设有独立的耐海水腐蚀的冲厕管道系统。

五、小结

我国当前的海洋立法内容涉及海域的使用与管理、海洋环境的保护、海洋生物资源的养护与管理、海上交通事故的调查处理等等涉海的各方面问题,立法内容较为全面。但是,具体到海水资源的开发、利用和保护方面,我国目前的海洋法制则恰恰存在立法体系不完整和立法内容缺失的问题。

我国目前并没有专门关于海水资源开发、利用和保护的法律、行政法规、部门规章以及地方性法规和地方政府规章,但有部分法律法规及

① 该法规全文可从我国香港地区水务署官方网站下载,http://www.wsd.gov.hk/.

政策文件中涉及了海水资源的开发、利用和保护事项。然而,这一领域的法制建设不足之处是显而易见的,主要有七方面问题:法律体系不健全;战略规划及宏观指导层面的政策性文件较多,效力等级不高;相关规定要加强衔接和协调;标准体系亟待完善;欠缺鼓励海水利用的法律;海水淡化市场准入制度尚未确立;缺乏海水开发利用对海洋生态影响及生态补偿的规定。

我国香港特别行政区在海水资源利用方面、特别是海水冲厕方面,已经建立了完善的条例、规例和相关标准体系,为海水资源的直接利用确立了保障。

为了我国海水利用产业的健康快速发展,制定和完善相关法制是必需的。这项工作可以从短期与长期两个维度展开。

就短期而言,应着重做好三方面的工作:第一,从法律、法规或规章层面确立与完善对海水利用的激励措施,这些激励措施涵盖税收、信贷、补贴等诸多方面,真正调动海水利用主体的积极性,引导资本进入海水利用产业,促进海水利用技术的发展与推广。第二,尽快完善海水利用的各种标准体系,在海水利用产业发展之初确保各项工作有法可依,确保海水利用的有序与规范。这项工作应由国家海洋局与国务院标准化行政主管部门合作开展。第三,及早确立海水淡化市场准入制度,以免市场中企业良莠不齐,产品水质量难以保障。由于目前法律没有确定海水淡化市场准入许可,故应先由国务院制定行政法规予以确定。在国务院制定行政法规之前,可有部分沿海省市制定地方性法规或者政府规章先行试点,根据试点情况再由国务院制定行政法规。

从长远来看,应在适当时候启动海水利用的立法程序,系统性地确立海水利用的各项法律制度。可以考虑在法律或者行政法规层面制定海水利用的单项立法,建立海水直接利用、淡化利用和提取化学资源利用的各项具有共性和个性的制度,以此为海水利用产业的持续、健康、快速发展奠定坚实的法制基础。

第三章　国际法上有关海水资源开发、利用和保护的法律制度与实践

海水资源的开发和利用，在节约淡水、解决淡水资源的稀缺问题，以及提取矿物质方面，不仅对于中国，而且对于沿海国家和地区而言，均处于至为重要的战略地位。时至今日，在全球范围之内，除了大生活利用海水之外，在海水资源的开发和利用方面，海水淡化产业发展最为迅猛。囿于资料的限制，本研究也将以海水淡化为例——据有专家估计，在有限的将来，全球范围之内，海水淡化将会形成700亿美元的市场规模。①

虽然海水淡化产业已经受到了世界范围之内的重视，但相比较于其他传统的资源开发利用行业，仍然处于推广阶段。在国际上，并没有形成特别明确的统一认识。由于海水资源的流动性特征，以及海水本身即为其他生物资源的生活环境，对于海水资源的开发和利用，需要考虑多方面的影响因素。尽管国际层面还没有较为体系化的规范，但已有的国际性条约或相关机构文件中，已经存在一定的规范性内容和政策性导向，我国在海水资源开发和利用产业化的推动方面，需要对这些内容加以重视。

一、《联合国海洋法公约》的规定

《联合国海洋法公约》是海洋法方面最为重要的国际公约，内容包括领海和毗连区、用于国际航行的海峡、群岛水域、专属经济区、大陆

---

① 阮国铃：《海水淡化技术与市场》，http://www.bjkp.gov.cn/gkjqy/hykx/k20518 - 04.htm，2011年1月8日访问。中国商务部官方网站，也有很多与海水淡化产业发展有关的信息。

架、公海、岛屿制度、海洋环境的保护和保全、海洋科学研究、海洋技术的发展和转让、争端的解决等内容,对海洋各种区域以及国家在相关区域的权利和义务都做了明确规定。中国作为该公约的成员国,自然受到该公约的约束。

(一)海水开发和利用的权利依据

1. 关于领海的规定

《联合国海洋法公约》第 2 条第一款和第 3 条规定,沿海国的主权及于其陆地领土及其内水以外邻接的一带海域,即领海,领海的宽度由每一国家确定,一般从基线量起不超过 12 海里。据此,领海是沿海国国家领土的组成部分,受沿海国主权的管辖和支配。依照一般的法理,主权国家对于主权范围之内的行使除了遵守国际法上的义务之外,不应当有任何之限制。沿海国在其领海内的权利包括排他的属地管辖权;制定和颁布有关领海内航行、卫生、缉私、移民等方面的法律法规的权利;以及对其领海内的一切资源享有专属权利,其他国家和个人未经许可不得进行开发利用。①

根据《联合国海洋法公约》,我国政府在海水资源开发、利用和保护方面,在领海这一主权范围内,应当拥有以下权利和权力:

第一,开发和利用海水资源的权利。目前,大规模的海水开发和利用,主要还只是局限于海岸线附近,按照《联合国海洋法公约》第 2 条规定,应该是在一国的领海范围内。

第二,制定有关法律、法规和标准,对海水资源的开发、利用和保护活动进行规范的权力。这种立法权,自然是国家主权的一种表现。

第三,对外国组织或者个人在我国领海进行的海水资源开发和利用活动进行管理和规制的权力。我国《领海及毗连区法》第 11 条规定,任何国际组织、外国的组织或者个人,在我国领海内进行科学研究、海洋作业等活动,须经我国政府或有关主管部门批准,遵守我国的法律、法规。鉴于目前中国从事海水淡化的企业相对弱小,我国的大型海

---

① 王铁崖:《国际法》,北京:法律出版社,1995 年,第 194 页。

水淡化项目建设大多是由国外公司完成的，为了对市场准入条件加以规范，支持和保护我国海水淡化产业，我国应当制定相关法律法规，对外国企业在我国领海从事的海水开发和利用活动进行管理。

2. 关于专属经济区的规定

《联合国海洋法公约》明确提及海水资源利用权力的条款是第 56 条（第五部分——专属经济区），该条文规定：

沿海国在专属经济区内的权利、管辖权和义务。

（1）沿海国在专属经济区内有：

（*a*）以勘探和开发、养护和管理海床上覆水域和海床及其底土的自然资源（不论为生物或非生物资源）为目的的主权权利，以及关于在该区内从事经济性开发和勘探，如利用海水、海流和风力生产能等其他活动的主权权利；

（*b*）本公约有关条款规定的对下列事项的管辖权；

①人工岛屿、设施和结构的建造和使用；

②海洋科学研究；

③海洋环境的保护和保全；

（*c*）本公约规定的其他权利和义务。

（2）沿海国在专属经济区内根据本公约行使其权利和履行其义务时，应适当顾及其他国家的权利和义务，并应以符合本公约规定的方式行事。

（3）本条所载的关于海床和底土的权利，应按照第六部分的规定行使。

该条规定沿海国在专属经济区之内对海水资源有经济性利用的“主权权利”，但并没有对海水利用的方式做出明确的规定，而仅仅强调应以“本公约规定的方式行事”。目前，虽然大规模的海水开发和利用、特别是海水淡化和海水直接利用，主要还是局限于一国领海范围内，但是不排除随着技术的进步而对离海岸线较远的、专属经济区水域的海水化学资源进行开发和利用，而《联合国海洋法公约》对一国在专属经济区的权利的规定，为这种海水化学资源利用，提供了有力依据。

《联合国海洋法公约》第 193 条“各国开发其自然资源的主权权

利”明确规定之“各国有依据其环境政策和按照其保护和保全海洋环境的职责开发其自然资源的主权权利”,也可以作为海水资源开发利用在国际法的佐证。

我国《专属经济区和大陆架法》第7条也规定,“任何国际组织、外国的组织或者个人对中华人民共和国的专属经济区和大陆架的自然资源进行勘查、开发活动或者在中华人民共和国的大陆架上为任何目的进行钻探,必须经中华人民共和国主管机关批准,并遵守中华人民共和国的法律、法规。”为此,我国有权对外国组织或者个人在我国专属经济区内进行的海水资源开发和利用的活动进行规范和管理。

(二)海水开发和利用的义务基础

1. 海水开发和利用的环境保护义务

《联合国海洋法公约》第十二部分专门规定了“海洋环境的保护和保全”,第192条规定各国有保护和保全海洋环境的一般义务。第194条就防止、减少和控制海洋环境污染的措施有如下规定:

各国应在适当情形下个别或联合地采取一切符合本公约的必要措施,防止、减少和控制任何来源的海洋环境污染,为此目的,按照其能力使用其所掌握的最切实可行方法,并应在这方面尽力协调它们的政策。

各国应采取一切必要措施,确保在其管辖或控制下的活动的进行不致使其他国家及其环境遭受污染的损害,并确保在其管辖或控制范围内的事件或活动所造成的污染不致扩大到其按照本公约行使主权权利的区域之外。

依据本部分采取的措施,应针对海洋环境的一切污染来源。这些措施,除其他外,应包括旨在最大可能范围内尽量减少下列污染的措施:

(*a*)从陆上来源、从大气层或通过大气层或由于倾倒而放出的有毒、有害或有碍健康的物质,特别是持久不变的物质;

(*b*)来自船只的污染……

(*c*)来自在用于勘探或开发海床和底土的自然资源的设施装置的污染……

(*d*)来自在海洋环境内操作的其他设施和装置的污染……

各国采取措施防止、减少或控制海洋环境的污染时，不应对其他国家依照本公约行使其权利并履行其义务所进行的活动有不当的干扰。

按照本部分采取的措施，应包括为保护和保全稀有或脆弱的生态系统，以及衰竭、受威胁或有灭绝危险的物种和其他形式的海洋生物的生存环境，而有很必要的措施。

在上述条文当中，并没有具体列举海水资源开发和利用可能破坏海洋环境的问题，这可能是两个方面的原因：第一，海水资源的开发和利用，不会导致对海洋环境的影响或破坏；第二，在公约制定当时，并没有对海水开发和利用可能对海洋环境造成的影响形成清晰的认识。但无论如何，随着人类认识的发展和科技的进步，对海水资源的利用应符合公约设定的一般性义务。

对于新技术的使用可能导致海洋环境的不利变化（虽然未必完全适用于海水资源的开发和利用），第十二部分的第 196 条也有前瞻性规定：

第 196 条　技术的使用或外来的、或新的物种的引进

各国应采取一切必要措施以防止、减少和控制由于在其管辖或控制下使用技术而造成的海洋环境污染，或由于故意或偶然在海洋环境某一特定部分引进外来的或新物种致使海洋环境可能发生重大和有害的变化。

本条不影响本公约对防止、减少和控制海洋环境污染的适用。

在本条中，“技术”是否包括海水资源开发或利用所使用的技术，应按照《海洋法公约》中有关条款的上下文及公约的目的来进行解释，由于不能以牺牲海洋环境为代价对海水进行开发和利用，各国不能使用造成海洋环境污染的海水资源开发和利用的技术。

2. 海水开发和利用的作为义务——积极行动义务

《联合国海洋法公约》第 272 条提及了在海洋科学和技术研究方面，包括在海水淡化技术的各级训练和教育方案方面，可以设立国际和区域性中心。第 276 条规定：

各国在与各主管国际组织、管理局和国家海洋科学和技术研究机

构协调下,应促进设立区域性海洋科学和技术研究中心,特别是在发展中国家设立,以鼓励和推进发展中国家进行海洋科学研究,并促进海洋技术的转让。

一个区域内的所有国家都应与其中各区域性中心合作,以便确保更有效地达成其目标。

这样的条文表述,显然蕴含着《联合国海洋法公约》对于推动包括海水淡化在内的海洋技术的发展所持的支持态度。各成员国为此亦承担开发和利用海水资源方面,通过设立科学技术中心的方式,鼓励和推进海洋科学研究的积极义务。

二、联合国专门机构和有关国际组织在海水资源利用方面的政策和实践

联合国专门机构和有关国际组织在应对该组织所针对的社会、经济、资源、卫生或可持续发展等问题时,都在各自的官方文件、研究报告、资料或实际行动中,强调了海水淡化的重要性,这为现阶段全球层面海水资源的开发和利用奠定了政策和实践基础。

(一)联合国秘书长水与卫生顾问委员会

该委员会是联合国秘书长的顾问机构,首任主席由日本前首相桥本龙太郎担任,因此该为委员会迄今为止提出的两个计划即被称为桥本行动计划Ⅰ和桥本行动计划Ⅱ。[①]

两个计划都从宏观角度提出了“水资源综合管理”的问题,并且注意到了金融在相关事业发展中的作用。在两个行动计划文本中,并没有特别提及海水,但桥本先生2006年3月为行动计划Ⅰ写的倡议书指出,“在通过千年发展目标时,世界各国曾发誓2015年把不能享有安全用水和基本上卫生服务的人口减少一半。水就是生命,除非各国用心实现该誓言,否则我们将无法实现包括营养、教育、消除贫困和环境等关键领域的千年发展目标。”

① 全文可以访问该委员会官方网站获取,www. unsgab. org。

桥本行动计划Ⅰ对于水资源综合管理的定义是："水资源综合管理是国际公认的方法,它寻求避免由于决策中没有考虑部门行动中的分歧而造成的生命损失、资金浪费和自然资源枯竭。水资源综合管理是解决水挑战、优化水对可持续发展贡献的灵活工具。"

在桥本倡议书和行动计划中,海水资源的有效利用对于实现该计划的目的十分重要。

(二)联合国经社理事会可持续发展委员会

可持续发展早已是全球性的共识问题,淡水资源环境的变坏和淡水需求比重的直线上升,使得水资源的可持续发展问题变得更为迫切。可持续发展委员会是联合国经社理事会下属机构之一,其具体目标是:在国际、区域和国家层面,从社会、经济和环境等维度整合可持续发展的政策,宽口径地吸收综合的、跨部门的和广泛参与式的可持续发展意见,采取可测量的步骤推动约翰内斯堡计划目的和目标的实现。

可持续发展委员会把水当做其重要的工作内容,目前该机构相对而言更直接关注淡水,但早在可持续发展委员会1994年第二届会议上,已经注意到西亚地区在海水淡化技术方面的进步。2000年第八届会议上,在讨论农业、土地和水之间的关系时,重新评估了海水淡化对农业的支持力度。① 虽然可持续发展委员会并没有直接把海水资源利用作为水资源可持续发展的关注重点,但随着技术进步及水资源日趋紧张情况的加剧,海水资源的开发和利用极有可能成为该委员会今后关注的重点。

(三)世界粮食和农业组织

世界粮食和农业组织致力于解决全球范围之内的饥饿及相关问题,发展农业从而提高粮食产量是解决饥饿问题的有效之图,但发展农业显然离不开对于灌溉用水的需求。因此,世界粮农组织在其文件或相关会议中,也注意到海水(咸水)淡化的重要作用。

---

① 相关文件的全文内容,可以访问 http://www.un.org/esa/dsd/dsd_aofw_wat/wat_documents.shtml。

世界粮农组织曾经于2004年4月26至27日在罗马主办过一次“咸水淡化在农业中的应用专家磋商会”，讨论海水（咸水）淡化在农业利用中的可能性问题。世界粮农组织的农业委员会于2005年4月13至16日在罗马举行的第十九届会议上，也讨论过咸水淡化在农业中的应用：“咸地下水、排泄水和处理过的废水等低质水资源的供应已经成为一个重要问题，对水资源稀少的国家干旱和半干旱地区的灌溉农业尤其如此。咸水淡化是城市供水的一种成熟的技术，是海湾国家饮用水的主要来源，因为它们的相关能源成本较低。淡化处理过的咸水和海水也在某些国家用于高价值作物种植。”①

考虑到成本的问题，将海水淡化广泛应用于农业生产从而提高粮食产量受到相当的限制，但至少为解决地球上特殊地区的农业急需用水提供了一种途径。按照目前的技术发展趋势，世界粮农组织必将会在特别需要淡水的农业灌溉区，通过各种方式推广海水淡化的应用。

（四）世界卫生组织

世界卫生组织的宗旨是使全世界人民获得尽可能高水平的健康。该组织给健康下的定义为“身体、精神及社会生活中的完美状态”。它的主要职能包括：促进流行病和地方病的防治；提供和改进公共卫生、疾病医疗和有关事项的教学与训练；推动确定生物制品的国际标准。

世界卫生组织对于水的关注，主要是考虑到淡水的稀缺，以及淡水水质不达标对于相关地区疾病的发生和传播有相当的影响，甚至是主要原因。在世界上有些国家，比如西亚和中东各国，淡水资源非常稀缺，但拥有海岸线可以利用海水资源。而饮用水相比较于工业、农业用水而言，水质要求的更高，因此世界卫生组织除了关注海水淡化之外，还强调其可供人类饮用的标准。

在2004年世界卫生组织的一个文件“Desalination Guidelines Development for Drinking Water：Background”中，Joseph A. Cotruvo先生就讨论了海水（苦咸水）淡化之后是否能够满足世界卫生组织的饮用水

① http：//www. fao. org/docrep/meeting/009/j4238c. htm.

标准的问题。[①] 世界卫生组织是海水淡化的重要推动机构，这从其不断推出各类与海水淡化可饮用性的标准和研究报告即可得知。[②]

(五)国际原子能机构

国际原子能机构是全球范围之内和平研发和利用核能的政府间组织，除了防止核武器扩散之外，核能的和平利用也是该机构主要的工作任务。海水淡化，需要利用其他能源才可以完成，如果仍然过分依赖传统能源，则非但不能完全解决海水资源开发和利用的问题，反倒有可能加剧能源危机和环境问题。核能用于海水淡化，是相对而言比较理想的方式，因此在全球范围之内也被逐渐地推广。

国际原子能机构 2009 年工作报告“技术”部分之“核电”项下，以“核反应堆技术发展”为题，介绍了核能在海水淡化中的应用进展情况：

原子能机构通过利用核动力产氢和淡化海水等非电力应用的活动促进在核电方面进行创新。

原子能机构还组织了一个关于海水淡化系统的技术和性能讲习班，对学员进行了开展能源和海水淡化系统技术和性能评价方面的培训，这些系统其中包括各种能源来源如联合循环燃气轮机、化石和核反应堆等与不同海水淡化工艺耦合的系统。该讲习班还对学员进行了使用原子能机构“海水淡化经济性评价程序”的培训。

原子能机构启动了一个关于利用核能淡化海水的新技术的协调研究项目。该项目将调查采用热管技术利用核电厂废热的潜力。

2009 年该机构完成了《核能淡化海水环境影响评定》(原子能机构《技术文件》第 1642 号)。该文件概述了核能淡化海水的环境影响性质和规模、详细介绍了试验数据和实施核能淡化海水项目所取得的经验，并着重说明了公众察觉到的风险。

---

① 全文可从世界卫生组织官方网站下载。

② 除了文中已提及的报告之外，可以参见 Desalination for Safe Water Supply Guidance for the Health and Environmental Aspects Applicable to Desalination，全文可访问 http://search.who.int/search? q = desalination&ie = utf8&site = default_collection&client = _en&proxystylesheet = _en&output = xml_no_dtd&oe = utf8.

原子能机构推出了一个关于核能淡化海水的“工具箱”。该工具箱旨在使考虑利用核动力进行海水淡化的成员国获取有关“海水淡化经济性评价程序”、原子能机构核能淡化海水出版物、原子能机构在该领域的活动、核能淡化海水技术工作组的工作、海水淡化方案以及启动核能淡化海水计划方面的信息。①

国际原子能机构理事长2010年度的报告，也注意到核能在海水淡化领域的应用情况：

非动力应用包括工业供热、海水淡化、区域供热、重油三次回收和氢生产。启动了一个关于海水淡化的新协调研究项目，目的是为使核能淡化海水更加可行提出方法和创新技术建议。2010年2月出版的《核能淡化海水环境影响评定》（原子能机构《技术文件》第1642号）论述了核能海水淡化的社会经济影响和环境影响。完成了一个关于核电工艺热应用方面进步的协调研究项目，该项目评定了氢生产、发电和余热用于海水淡化的热利用系统②

国际原子能机构的实践，为核能在海水开发和利用方面的进一步推广使用，确立了观念基础，也最大程度上解决了海水淡化最需要的能源问题。

（六）世界银行

世界银行为海水开发和利用提供资金上的支持，尤其是对于经济实力有限和金融业不发达的国家和地区，世界银行的贷款可以很大程度上推动上述机构所关注目标的实现。截至2009年8月，世界银行总共支持了42个与海水（咸水）淡化有关的项目，③其中也包括1988年中国的一个项目。

世界银行对于海水资源开发和利用的积极参与，一方面可以提供

---

① 国际原子能机构2009年年度报告，电子版请访问 http://www.iaea.org/About/Policy/GCGC54GC54Documents/Chinese/gc54 – 4_ch.pdf。

② 国际原子能机构理事长报告：《加强国际原子能机构有关核科学、技术和应用的活动》，2010年8月27日。

③ 以“desalination”检索了世界银行官方网站之“Projects Portfolio”而得出的结论，详情可访问世行官方网站，http://www.worldbank.org。

项目资金上的支持；另一方面，世界银行的专家可以很好评估相关项目的可行性以及可能造成的影响，从而为更好地推动海水资源的开发和利用创造有利条件。

中国从事海水淡化的企业相对弱小，我国的大型海水淡化项目建设大多是由国外公司完成的。大型海水淡化项目一般需要数十亿元的建设资金，在国外企业背后，站着一群实力强大的投资银行、投资商、基金。中国企业在融资方面的能力，则是非常单薄。我国应当充分利用世界银行和有关国际组织提供的资金和贷款支持，发展海水淡化项目，不仅建设项目，也要建设开展项目的能力、包括融资能力。

三、小结

本章梳理了《联合国海洋法公约》中有关海水资源开发、利用和保护的法律规定。研究表明，海水资源开发、利用活动一般是在海岸线附近，这一区域一般是在沿海国的领海范围内，根据《联合国海洋法公约》的规定，这是一国的主权范围，国家对有关活动可行使立法权、管辖权和管理权。我国《领海与毗连区法》对此进行的规定也符合国际公约。为了更好地对领海范围内的海水资源开发和利用活动进行规范，我国应当依据《联合国海洋法公约》和国内法律，制定海水资源开发和利用的法律，对国内主体以及有关国际组织和外国个人的活动进行管理。

《联合国海洋法公约》中关于沿海国在专属经济区内的、对自然资源的主权权利的规定，为我国对离海岸线较远的专属经济区水域内的海水化学资源的综合利用提供了直接的法律依据，我国《专属经济区和大陆架法》也对此作了规定。

本章还总结了有关国际组织和联合国专门机构在海水资源开发利用方面的政策和实践。研究表明，随着淡水资源紧缺问题的加剧，有关水资源的可持续发展、食物权的实现、符合健康标准的饮用水问题、海水淡化过程中新能源的应用、海水资源利用中的融资等问题，已经并将继续成为联合国经社理事会、联合国秘书长、联合国粮农组织、世界卫生组织、世界银行、国际原子能机构等重要国际组织关注的问题。中国作为有关国际组织的成员国,应当对这些组织进行的有关海水资源利用的活动给予充分关注,并充分利用国际组织的资源,为我国海水资源利用寻求资金、技术、管理经验、政策建设方面的支持。

第四章　海水资源开发、利用和保护法律制度比较研究

本章介绍几个国家在海水资源利用方面的法律规定和实践，并着重介绍海水淡化方面的情况，以便为我国海水资源利用的立法提供参考。

一、美洲——以美国为例

（一）美国海水开发、利用与保护法律制度概述

美国本土三面临海，西临太平洋，东接大西洋，南濒墨西哥湾，海岸线全长22 680千米，全国50个州中有30个州被划为沿海州，是名副其实的海洋大国。[①] 同时，美国又是淡水资源脆弱国家。[②] 这两方面国情的巨大反差，促使美国对海水资源的开发利用较为重视，并走在世界前列。早在20世纪70年代初，美国工业用水的20%依靠海水，现阶段已经发展到60%。[③] 目前，北美最大的海水淡化厂是美国佛罗里达坦帕湾海水淡化厂，该厂通过逆向渗透每天生产2 500万加仑的饮用水。而在亨廷顿海滩和位于加利福尼亚的卡尔斯巴德已提议修建更大的海水淡化工厂，建成后，卡尔斯巴德工厂（theCarlsbadfacility）将成为西半球最大的海水淡化工厂。[④] "科技加法律"是推动海水资源开发的必由之路，而海水利用科学技术的发展，也需要靠法律保障与促进。美国较早认识到法律对推动海水资源利用与保护具有不可或缺的作用，

---

① 石莉，林绍花，吴克勤等：《美国海洋问题研究》，北京：海洋出版社，2011年，第1页。

② 黄锡生：《水权制度研究》，北京：科学出版社，2005年，第2页。

③ 辛仁臣，刘豪：《海洋资源》，北京：中国石化出版社，2008年，第61页。

④ Desalination: A National Perspective, (reporting that in 2005) the total capacity of 1 100 online desalination plants was "less than 01 percent of U. S. municipal and industrial water use."

在20世纪50年代初即开始相关立法。由于美国海水资源利用与保护立法起步较早,其立法进程中的得失可以为其他国家和地区提供正反两方面的经验,具有重要的借鉴价值。在对美国海水资源开发、利用和保护的法律制度进行研究之前,有两点需要明确:

第一,由于海水利用需要汲取大量海水,因此海水利用工程通常分布在海岸带(coastalzone)中。根据美国《海岸带管理法》(Coastal-zone Management Act)第304条,“海岸带”是指沿海水域(包括水上和水下的陆地)和沿海的土地(包括土地中和土地下的水域),这些水域和土地相互强烈影响并靠近各沿海州的海岸线,包括岛屿,过渡和潮间带地区,盐沼,湿地和海滩。海岸带有多种利用方式,如能源开发、捕鱼、娱乐休闲、港口交通等,各种利用方式之间不尽兼容。海水利用是海岸带利用方式之一种,有必要放在海岸带管理这一宏观视角下进行考察。

第二,对于海洋和海岸带资源,美国实行三级管理体制,即当地政府通常控制海滨地带和海岸线的使用;州政府在从高潮点向海3海里这个海域范围内行驶管辖权;联邦政府从3海里到200海里海域范围内行使管辖权。[①] 这种三级管理体制,对海水资源利用法律制度的构建产生了重大影响。因为海水利用工程通常分布于沿海地带,因而多落入了州和地方政府的管辖权范围内。在这种情况下,研究州的相关立法具有重要意义。为避免泛泛而谈,本章选取海水利用产业较为发达、立法相对成熟的加利福尼亚州作为美国各州的代表开展研究。

从目前来看,美国联邦层面同海水资源利用与保护相关的立法主要有《咸水淡化法》(Saline Water Conversion Act)、《海岸带管理法》、《清洁水法》(Clean Water Act)、[②]《水质法》(Water Quality Act)、《国家环境政策法》(National Environment Policy Act)、《海洋哺乳动物保护法》(Marine Mammals Protection Amendment Act)和《濒危物种法》(En-

---

① [美] Biliana Cicin - Sain and Robert W. Kneche:《美国海洋政策的未来》,张耀光,韩增林译;刘桂春校,北京:海洋出版社,2010年,第251页。

② 《清洁水法》又称《联邦水污染防治法》(Federal Water Pollution Control Act)。

dangered Species Act)等。《咸水淡化法》的主要内容是明确咸水淡化的主管机构及其职权,确立推动咸水淡化利用的方法与措施。其中,该法所指称"咸水",包括但不限于海水。《海岸带管理法》则从海岸带管理这一综合视角下对海水资源开发与保护进行规划和制度安排。《清洁水法》、《国家环境政策法》、《海洋哺乳动物保护法》和《濒危物种保护法》与海水资源利用中环境保护问题相关。其中《清洁水法》将污染源分为点源(pointsource)与非点源(non - pointsource)采取措施,[①]并针对点源污染建立"国家消除污染物排放系统"(National Pollutant Discharge Elimination System,NPDES),要求任何从点源向美国水体中排放污染物都要经过许可。该法颁布后,在控制海洋点源污染,提高海水水质方面发挥了重要作用。《国家环境政策法》首创了环境影响评价制度,而《海洋哺乳动物保护法》和《濒危物种保护法》则解决海水资源利用中的海洋哺乳动物与濒危物种的保护问题。

在州层面,以加利福尼亚州为例,同海水资源开发与保护相关的立法主要有《加利福尼亚海岸法》(The California Coastal Act)、《水安全、清洁饮用水、海岸和海滩保护法》(The Water Security,Clean Drinking Water,Coastal and Beach Protection Act)、《加利福尼亚环境质量法》(The California Environmental Quality Act)、《波特 - 科隆水质控制法》(Porter - Cologne Water Quality Control Act)、《加利福尼亚海洋保护法》(The California Ocean Protection Act)等。《加利福尼亚海岸法》与联邦《海岸带管理法》相互呼应,确立了包括海水资源利用在内的海岸带开发规划与许可制度。《水安全,清洁饮用水,海岸和海滩保护法》授权有关政府部门资助海水淡化工程及技术研发。《加利福尼亚环境质量法》、《波特 - 科隆水质控制法》、《加利福尼亚海洋保护法》则规范了海水资源开发利用中环境问题的处理,以维护海水水质,维护近海海洋生态环境。

通过对联邦与州两个层面的立法进行梳理,本章共总结评析了美国海水资源开发与保护行政主体制度、权属与流转制度、规划制

---

① 点源是指污水排放来自一个特定的点,如某家工厂,非点源是指污水排放来自大范围的地理区域,如农田。

度、激励制度、行政许可制度、环境保护制度等几项较为重要的法律制度。

(二)美国海水资源开发、利用与保护行政主体制度

海水资源开发与保护是一项复杂的工程,其推进牵涉到众多政府机构的职权,这不仅有联邦与州纵向分权的问题,还有联邦与州政府各机构横向分权的问题。合理配置各相关政府机构的职权及理顺它们之间的关系,使它们步调一致,形成合力,对于海水资源的利用与保护有着不言而喻的重要意义。

1. 联邦海水资源开发与保护相关行政机构及其职权

(1)总统行政办公厅(Executive Office of the President, EOP)。

美国总统是美国政府的首脑,负责包括海洋资源开发在内的全国一切重大海洋事务,总统行政办公厅既是美国政府有关海洋事务的最高决策机构和协调机构,也是直接向总统负责的涉海事务机构。总统行政办公厅下属的科学技术政策局(Office of Science and Technology Policy)海洋联合小组委员会和环境质量理事会(Councilon Environmental Quality)分别协调全国的海洋科技政策以及包括海洋在内的全国环境问题。

制定促进海水资源利用与保护科学技术与产业发展的国家政策,协调政府各部门在海水资源利用与保护方面的行动在总统行政办公厅的职权范围内,虽然迄今其并未出台多少与海水资源利用与保护直接相关的政策,但不能排除这种可能性。由于总统行政办公厅为美国政府有关海洋事务的最高决策机构和协调机构的法律地位,其有关海水资源利用与保护的举措具有很高的权威性。

(2)内政部(Department of the Interior)。

内政部是美国自然资源的管理机构,海水资源保护与利用在其职权范围内。根据1952年《咸水淡化法》,内政部咸水办公室(Interior's Office of Saline Water)主管咸水资源的科技研究与利用。后咸水办公室被水研究与技术办公室(Office of Water Research and Technology)取代。目前内政部主管海水淡化的机构为回收利用局(The Bureau of

Reclamation)。①

根据1996年《咸水淡化法》,内政部在海水利用方面的职权是通过财政激励、技术援助、沟通协调等方法促进海水淡化技术的研究与海水淡化产业的发展。自1952年至1982年,内政部平均每年为咸水淡化研究提供3000万美元的资助。在内政部的推动下,美国海水淡化技术与产业得到较快发展,可谓成效斐然:海水淡化的技术更加便捷,淡化海水的价格进一步降低,海水淡化工程不断兴建。②

(3)商务部(Department of Commerce)。

商务部下属的国家海洋和大气管理局(The National Oceanic and Atmospheric Administration, NOAA)是美国政府海洋管理的职能部门。海洋资源及海域的管理是其基本职责之一,海水资源自然也在其管辖范围内。

国家海洋和大气管理局现阶段集海洋、大气和渔业管理于一身,组织机构体系庞大,其中负责海洋管理的直属业务部门为国家海洋服务局(National Ocean Service)与国家海洋渔业局(National Marine Fisheries Service)。国家海洋服务局的主要职责包括海岸带管理和海洋环境保护;国家海洋渔业局负责海水利用工程对海洋濒危物种潜在影响的审查。

商务部的在海水资源开发与保护方面的主要职责之一是根据《海岸带管理法》的相关规定,通过拨款、奖励等激励手段,引导各州制定海岸带管理规划,由各州在规划之中对海水资源利用作出切实可行的安排。各州制定的州海岸带管理规划必须经过商务部的批准,并由商务部对经批准的管理规划的执行情况进行检查,如果发现有关州没有执行管理规划,商务部部长有权采取中止财政援助或收回已给予的财政援助等措施。国家海洋服务局下属的海洋与沿海资源管理署(OCRM)是商务部国家海洋和大气管理局实施《海岸带管理法》的职

① 参见美国国家档案馆关于咸水办公室的档案记录,http://www.archives.gov/research/guide-fed-records/groups/380.html,2011年10月18日访问。

② 参见美国回收利用局(Bureau of Reclamation)研究与开发主任Maryanne Bach于2005年5月24日在美国国会所作报告,http://www.usbr.gov/newsroom/testimony/detail.cfm?Record ID=241,2011年10月18日访问。

能部门。在商务部的推动下,迄今美国所有沿海州都已经制定海岸带管理规划并经过商务部批准。海岸带的规划管理取得了明显的成效。①

(4)环境保护署(Environmental Protection Agency, EPA)。

环境保护署是美国联邦政府环境保护职能部门,海水资源开发利用中的环境保护以及海水资源质量保护在其职权范围内。在美国,海水资源利用可能带来的对海洋环境的重大不利影响是人们对海水资源开发的主要质疑之一,因此要减轻海水资源利用带来的环境损害,减少海水资源开发的社会阻力,环境保护署的作用不可或缺。

(5)国土安全部(Department of Homeland Security)。

国土安全部下设的海岸警卫队(Coastal Guard)是联邦政府涉海行政管理执法机构,是准军事机构,其职能涵盖港口和航道安全维护,海洋渔业资源和哺乳动物保护,海洋环境保护等。海水利用工程中汲取和排放海水的设施设置,可能影响到航行安全,因而要接受海岸警卫队的审查。

一言以蔽之,在美国联邦政府层面,实行总统行政办公厅最高领导,内政部与商务部主管,环境保护署、国土安全部等部门分工负责的行政管理体制(表4.1)。

表4.1　美国联邦政府海水资源开发相关机构及其职权

机构名称	相关职责	备注
总统行政办公厅	制定海水资源技术与产业发展的国家政策;协调各政府部门在海水资源利用与保护方面的行动	海水资源管理最高决策机构
内政部	通过财政激励、技术援助、沟通协调等方法促进海水淡化技术的研究与海水淡化产业的发展	海水资源开发主管机构
商务部	从海岸带管理角度推动各沿海州制定海岸带管理规划以及海岸带非点源污染防治规划,以规划手段促进海水资源的利用与保护	海水资源开发主管机构

① 刘晓燕:“美教授谈美国海洋法律制度及管理”,载《海洋与海岸带开发》,1990年10月刊。

续表

机构名称	相关职责	备注
环境保护署	管理海水资源开发利用中的环境保护以及海水资源质量保护问题	
国土安全部	管理海水利用工程中汲取和排放海水的设施设置影响航行安全问题	

2. 州海水资源开发与保护相关行政机构及其职权

(1)加利福尼亚州海岸委员会(The California Coastal Commission)。

加利福尼亚州海岸委员会成立于1972年,1976年《加利福尼亚海岸法》拓展了海岸委员会的职权,使得该机构成为加利福尼亚州海水资源利用与海岸带环境保护的政府主管部门。海水资源的开发,海水水质的保护,海水利用工程的修建都在其职权范围内。

海岸委员会的决策由12位委员投票做出,其中6位委员从一般公众中选任,另6位委员从官员中任命。海岸委员会委员的工作是无偿,但这份工作可以为各位委员带来良好的政治声誉。① 除委员外,海岸委员会还有数百位工作人员,其中有11位执行官在海岸带督查违法情况。

海岸委员会负责推动各地方当局制定地方海岸规划(Local Coastal Program),该规划内容可涵盖海水资源的利用与保护,在制定后应提交海岸委员会批准。所有在海岸带中的海水利用工程的兴建应经过海岸委员会许可,并获得海岸开发许可证(Coastal Development Permits)。但如果地方的海岸规划已经获得海岸委员会的批准,除特殊区域外,海岸开发许可由工程所在地的地方当局指定机构发放,该许可的颁发应与地方海岸规划和《加利福尼亚海岸法》的要求相符。海岸委员会保留对地方当局指定机构所颁发许可证的复核权。②

---

① Mike Lee, Coastal commission looking very green, available at http://www.signonsandiego.com/news/2011/jan/18/coastal-commission-looking-very-green/, 2011-10-10.

② California Coastal Commission, About Us, available at http://www.coastal.ca.gov/whoweare.html, 2011-11-10.

(2)水资源部(Department of Water Resource)。

水资源部的工作目的在于与其他机构合作管理加利福尼亚州的水资源,保护、恢复和改善自然与人文环境。水资源部职责主要有海水淡化方案的规划和咨询,管理当地的援助赠款和贷款计划。在2004—2006年度,水资源部依据《水安全,清洁饮用水,海岸和海滩保护法》共资助48个淡化项目,包括7个建设项目、14个研发项目、15个试验和示范项目和12个可行性研究项目。[①]

(3)州水资源控制委员会(State Water Resource Control Board)。

加利福尼亚州水资源控制委员会负责分配水权和执行水质保护措施,另外有9个地方水质控制委员会(Regional Water Quality Control Boards)在特定区域根据本地方的气候、地理、水文等特殊条件确定并执行水质目标和计划,以更好地保护州水域的水质。州水资源控制委员会由5位全职委员组成,委员由州长任命,议会批准,任期为4年。地方水质控制委员会由9位兼职委员组成,委员由州长任命,议会批准。[②]

对于在封闭性海域汲取海水的海水利用者需要向水资源控制委员会申请取得水权,并交纳水权费。海水利用工程受到其所在地的地方水质控制委员会的管辖。凡向近海水体排放污染物,须取得向地方水质控制委员会取得排放许可。

(4)卫生部(Department of Public Health)。

淡化海水可能作为饮用水而直接关系人体健康,依据《安全饮用水法》(Safe Drinking Water Act)的规定,淡化海水的设备及流程需要接受卫生部的审查,以保证淡化海水的水质。卫生部审查的具体内容包括:海水淡化设施的建设与运行是否达到特定标准,海水淡化设施所适用设备的完整性如何,海水淡化设施的运营者对一系列问题的回答情况如何,等等。

---

① Department of Water Resource, Desalination, available at http://www.water.ca.gov/desalination/, 2011-10-20.

② State Water Resource Control Board, Mission Statement, available at http://www.swrcb.ca.gov/about_us/water_boards_structure/mission.shtml, 2011-10-20.

(5)渔业与狩猎部(Department of Fish and Game)。

渔业与狩猎部致力于为动物物种栖息提供一个和谐的生态环境。海水利用中大量汲取海水和排放废水必然会对海岸带海域内相关物种的栖息产生直接或间接的影响。因此海水利用工程的建设与运行应当符合保护海洋生物物种生存的要求,从而受到渔业与狩猎部的管辖。

(6)能源资源、保护和发展委员会(Energy Resources, Conservation and Development Commission)。

能源资源保护和发展委员会(通常简称为加州能源委员会)具有预测能源供应和需求,制定和实施节能措施,研究和开发能源的职责。海水淡化需要消耗大量的能源,并且可能对海洋以及周边生态环境产生不良的影响,能源委员会负责对其准入以及生产过程中的能源消耗问题进行规制。

(7)土地委员会(State Lands Commission)。

海水利用工程的兴建必然牵涉到海岸带的土地利用,土地利用管理属于土地委员会的职权。海岸带的土地有的属于私人所有,有的属于州所有。如在州所有的海岸带土地上修建海水利用工程,则需要向土地委员会办理土地租借手续。在有的地方,州已经将土地管理权下放至地方当局,因此土地利用者应向地方当局提出土地租借申请。地方当局对租借土地做出的决定要接受土地委员会的审查。

(8)海洋保护委员会(The Ocean Protection Council)。

海洋保护委员会依据《加利福尼亚海洋保护法》设立,其主要职责是协调各州政府机构的行动,以保护海岸带水域及海洋生态系统。根据该法要求,海洋保护委员会应致力于收集与分享散布在各机构中的与海水资源有关的信息,并负责向立法机关和州长提出有助于保护海岸和海洋资源的法律修改建议。①

加利福尼亚海水资源开发相关机构及其职权见表 4.2 简要列出。

---

① SB 1319, Burton, The California Ocean Protection Act, available at http://www.leginfo.ca.gov/cgi-bin/postquery?bill_number=sb_1319&sess=0304&house=B&author=burton, 2011-10-18.

表 4.2 加利福尼亚州海水资源开发相关机构及其职权

机构名称	相关职责	备注
海岸委员会	以规划等手段推动海水资源的开发与海水水质的保护	州海水资源开发主管机构
水资源部	海水淡化的规划、咨询与援助	州海水资源开发主管机构
水资源控制委员会	分配水权和实施海水水质保护措施	
卫生部	淡化海水的水质管理	
渔业与动物保护局	海水利用工程对近海海洋生物影响审查	
能源委员会	海水利用工程的能耗问题处理	
土地利用委员会	在公有土地上兴建海水利用工程的土地管理	
海洋保护委员会	海水利用中海岸带水域和海洋生态系统的保护	

总之,对海水资源的开发与保护,在各州也实行主管部门主管和相关部门分工负责相结合的行政管理体制。无论是联邦还是州,对海水资源的开发都有双重主管机构。究其原因,在于内政部是联邦政府自然资源管理职能部门,商务部是联邦海洋管理职能部门,而海水资源作为一种海洋自然资源,其开发在内政部和商务部二者职权范围内。在州也是同样的情况,海岸委员会是海洋管理职能部门,而水资源部则是水资源管理职能部门,故海水资源的开发要接受二者的双重管辖。

3. 海水资源利用与保护相关行政机构间的协调机制

(1)“联邦 - 州”相关机构的协调。

《海岸带管理法》为了协调联邦与州之间的行动,强调州利用海水资源的决定等海岸带决策是第一位的,要求联邦机构涉海机构开展的对海水资源的任何利用,或者对海水资源产生的可预见到的一定影响的海洋开发活动和开发项目,或者这些联邦机构间的合作协议,都必须与沿海州海岸带管理规划中的可执行政策保持最大的一致性；联邦许可证制度和财政援助必须与沿海州海岸带管理规划的可执行政策保持完全的一致。此即所谓“联邦一致性规则”。① 具体以在海岸带修建海水利用工程申请联邦许可为例，任何有意图在海岸带内开发海水资源而申请联邦执照或许可证的申请者，应当在申请中向许可机构提供一份申请进行的活动与该州被批准的管理规划中可强制执行的政策相一致，以及该活动将以符合规划的方式进行的证明。同时，申请者应当向该州或其指定机构提供该证明的复印件，附上必要的信息与数据。每一沿海州在其认为适当的程度上，应当建立这些证明的公示程序以及相关公众听证的程序。在实际可行的最早时间内，该州或其指定机构应通知有关联邦机构其同意或者反对申请者的证明的意见。如果该州或其指定机构在收到申请者的证明复印件后 6 个月内没有提出所要求的通知，视为该州已同意该证明。一般只有在州或其指定机构已经同意申请者的证明或者因州不作为致使证明被视为同意的情况下，联邦机构才能授予执照或许可。②

当然，联邦的意志在此过程也得到必要的尊重，表现在：其一，沿海州的海岸带管理规划必须符合《海岸带管理法》规定的要求，获得联邦政府的批准后才对联邦机构具有保持一致性的约束力；其二，如果沿海州和地方政府关于海水资源的决策有损国家利益，联邦政府有权撤销。

在实践中，虽然各政府部门的关于海水资源与保护的实际行动难以完全符合“联邦一致性”的要求，但该机制确实在很大程度上缓解了联邦与州在海岸带管理中的矛盾，取得了较好的效果。除此以外，联邦和州也采取协商、订立协议的方式协调行动。如果联邦机构和某一州之间在海水资源的开发方面存在严重分歧，联邦有关主管部门，如商务部部长应与总统行政办公厅通力合作，寻求调解这些分歧。

（2）“联邦 - 联邦”或“州 - 州”相关机构的协调。

“联邦 - 联邦”或“州 - 州”相关机构之间互不隶属，所谓“平等者之间没有管辖权”。“平等者”之间协调行动的主要机制是对话和

---

① 石莉，林绍花，吴克勤等：《美国海洋问题研究》，北京：海洋出版社，2011 年，第 162 页。

② 《海岸带管理法》第 307 条。

磋商。无论是《海岸带管理法》《联邦水污染防治法》《咸水淡化法》等联邦立法，还是《加利福尼亚州海岸法》等州立法，其中均有主管部门同其他相关职能部门中磋商机制规定。例如，在海岸带管理中，《海岸带管理法》要求商务部部长应当同其他有关联邦机构协商、合作，并在最大可行的程度上协调其与这些机构的行动；在未充分考虑相关联邦机构的意见之前，部长不得批准各州呈交的海岸带管理规划。又如，《加利福尼亚州海岸法》要求州海岸委员会与州或地方水资源控制委员会保持合作，对共同具有管辖权的工程协同进行审查。再如，《咸水淡化法》要求内政部部长就海水淡化行动同其他联邦机构的负责人进行磋商，并可采取订立合作协议的方式协调行动。

总之，在纵向层面，即联邦与州层面协调相关职能机构的行动，立法上确立"联邦一致性"规则，强调州利用海水资源的决策是第一位的，要求联邦机构涉海机构予以配合；同时，州对联邦机构有约束力的相关决策，如制定的海岸带管理规划本身须经过联邦有关机构批准，这充分体现了联邦与州之间权力平衡，以求减少矛盾与冲突。在横向层面，即联邦各机构和州各机构层面，则主要通过确立对话和磋商机制，以求协调各机构的行动。

(三)美国海水资源权属与流转制度

1. 美国海水资源权属制度

在美国，不同于许多其他可以私有的海岸资源，海水被认为是"公有物"(public commons)而成为一种公共信托资源，适用公共信托条款。[①] 之所以如此，在于海水承载一系列重要的环境、社会、经济功能，极具公共使用价值，如商业、交通、娱乐使用。

公共信托理论滥觞于信托制度，而信托制度最初起源于英国。所谓信托，是指委托人基于对受托人的信任，将其财产权委托给受托人，由受托人按委托人的意愿以自己的名义，为受益人的利益或者特定目

① The California Coastal Commission, Seawater Desalination and the California Coastal Act, P40, available at www. coastal. ca. gov/energy/14a - 3 - 2004 - desalination. pdf, 2011 - 11 - 08.

的，进行管理或者处分的行为。[①] 信托财产由委托人交给受托人后，受托人虽然取得信托财产的所有权，但他并不享有为了自己利益支配信托财产的权利，却负担为了受益人的利益支配信托财产的义务。英美学者认为，信托的实质在于分割财产权，受托人对信托财产享有普通法上的所有权，受益人对信托财产享有衡平法上的所有权，“双重所有权说”较好地阐释了信托的本质。从根本上说，受益人对信托财产享有的是收益的权利，而受托人对信托财产享有管理的权利。[②]

在罗马法上，空气、水流、海洋、海岸是依据自然法而为众所共有的物，所有人都有权使用这些公共财产。[③] 根据此种理论渊源，在英国形成了公共信托制度，英国普通法有“国家拥有海洋及其底土和沙滩，享有航行、商业和捕鱼等公共使用的信托”规则。[④] 英国的公共信托理论和制度随着英国对北美的殖民带到了美国。20 世纪 70 年代，在环保运动的推动下，环境公共信托理论在美国逐渐盛行，美国学者萨克斯(Joseph L Sax)教授对此理论做了较为详尽的阐述：阳光、水、野生动植物等环境要素是全体人民的共有财产；共有人为了管理这些共有财产，而将其委托给国家；国家和人民之间的关系是受托人和委托人之间的信托关系，作为受托人的国家有责任为全体人民的利益对受托财产加以保护和管理。[⑤]

海水资源作为一种公共信托资源，为全体人民所共有，并由国家作为受托人享有法律上的所有权。在美国对海岸和海洋资源实行三级管理的体制下，从高潮点向海 3 海里这个海域范围内的海水资源由州享有所有权；联邦对从 3 海里到 200 海里海域内的海水享有所有权。因海水利用工程多兴建于海岸带中，因此主要牵涉到州的海水资源所

---

① 《中华人民共和国信托法》第 2 条。

② 侯宇：“美国公共信托理论的形成与发展”，载《中外法学》2009 年第 4 期，第 620 - 621 页。

③ [罗马]查士丁尼：《法学总论》，张企泰译，北京：商务印书馆，1989 年，第 48 页。

④ Note Lyon & Fogerty, Unprecedented Extensions of the Public Trust, 70 Calif. L. Rev. 1138, 1140(1982).

⑤ Joseph L Sax, The Public Trust Doctrine in Natural Resources Law: Effective Judicial Intervention, 68 Mich. L. Rev. 471(1970).

有权。

2. 美国海水资源权利流转制度

(1)初次流转。

海水利用工程利用国家享有所有权的海水,必然涉及海水资源权利的流转问题。在加利福尼亚州,在封闭的水体中消费性地使用(consumptiveuses)水资源应当取得水权(WaterRights)。州水资源控制委员会负责水权的授予与分配。[①] 所谓消费性地使用,是指改变水资源状态的使用。海水资源的直接利用、淡化利用或提取化学资源而利用,属于海水资源的消费性使用。反之,非消费性地使用,是指不改变水资源状态的使用,如航行、游泳等。

对海水利用工程而言,如果使用的开放性海洋(openocean)的海水,不需要取得水权。但使用的如是半封闭的海水,如海湾和河口的海水,则需要向水资源控制委员会申请取得水权。[②] 在申请获得水权时,申请人应当向作为所有权人的州政府缴纳水权费(Water Rights Fee)。水权费分为年度费用与一次性费用两类,年度费用由州平等委员会(State Board of Equalization)收取,一次性费用由州水资源控制委员会收取。表4.3和表4.4为2010—2011年度加利福尼亚州一些水权费收费项目简表。[③]

整体而言,水权费大致可以分为两类:第一类为政府作为水资源的管理者而进行的行政管理性质收费,如年度申请费、展期费;第二类为政府作为水资源的所有权人让渡权利而收取的权利金,如水租借申请费。政府地位的二重性(水资源的管理人与所有权人)是建构水权费收费制度的基础。

---

① Department of Water Resource , California Desalination Planning Handbook ,P50, available at www. water. ca. gov/desalination/pud_pdf/Desal_Handbook. pdf, 2011 - 11 - 10.

② Department of Water Resource , California Desalination Planning Handbook, P51, available at www. water. ca. gov/desalination/pud_pdf/Desal_Handbook. pdf, 2011 - 11 - 10.

③ State Water Resource Control Board , Fiscal Year 2010 - 11 Fee Schedule Summary, available at http://www. waterboards. ca. gov/waterrights/water_issues/programs/fees/ ,2011 - 11 - 15.

表 4.3　美加利福尼亚州水权费年度费用表

收费项目	2010—2011 财政年度收费标准
年度许可与执照费	100 美元 + 超出 10 亩尺[①] 以外每亩尺 0.03 美元
年度待审批申请费	100 美元 + 超出 10 亩尺以外每亩尺 0.03 美元
年度申请费	1 000 美元
年度水租借费(根据《水法》第 1020 条以下规定进行租借,包括水管理区)	1 000 美元 + 超出 10 亩尺以外根据每年生效租借允许被租借的水量每亩尺 15 美元

表 4.4　美加利福尼亚州水权费一次性费用表

收费项目	2010—2011 财政年度收费标准
申请费	1 000 美元 + 超出 10 亩尺以外根据申请取水量每亩尺 15 美元,或者 454 832 美元,以较少者为准
变更请求费	1 000 美元 + 超出 10 亩尺以外根据许可证或执照涵盖的转移总水量每亩尺 0.3 美元,或者 5 713 美元,以较少者为准
根据《水法》第 1707 条的变更请求费	850 美元
根据《水法》第 382、1435、1701. 1725、1735 条的变更请求费	2 000 美元 + 超出 10 亩尺以外根据年度拟变更水量每亩尺 0.3 美元或者 454 832 美元,以较少者为准
展期费	1 000 美元
水租借申请费(根据《水法》第 1020 条以下规定进行租借,不包括水管理区)	1 000 美元 + 超出 10 亩尺以外根据租借条款拟租借的总水量每亩尺 15 美元

① 亩尺(acre - foot,英亩—英尺),水量单位,相当于 1 英亩地 1 英尺深的水量,即 43 560立方英尺或 1 233.5 立方米。

（2）二次流转。

对于需要从州取得水权的海水资源开发利用者，其获得的水权可以进行二次流转。流转分为紧急流转、暂时流转和长期流转三种类型。

就流转程序而言，首先由转让人和受让人就转让价格、水量、水质等事项达成协议，然后向州水资源控制委员会提出水权变更申请，并缴纳变更请求费。在向州水资源控制委员会提出水权变更申请之前，当事人应填写申请表格，申请表因转让为暂时流转还是长期流转而有所不同。此外，当事人还应准备流转申请的支撑材料，分析转让对环境以及其他法律上的利害关系人的影响。州水资源控制委员的官员在水权转让过程中可以提供咨询服务和帮助，以确保水权的变更符合有关规定的要求。接到申请后，州水资源控制委员会对流转是否符合法定条件进行审查。经审查通过后，水权变更始得生效。①

（四）美国海水资源开发与保护规划制度

海水利用一般须在海岸带内进行，而海岸带管理一项复杂的工程，有多重利益需要平衡和协调。例如，一片海岸带水域用于渔业或者休闲用途，就难以用于海水利用。该片水域究竟是用于海水利用合适，还是用于渔业或其他用途合适，需要管理者考量。此外，海岸带海水水质受到污染则直接影响到海水利用，而要避免海水污染，又可能与经济发展的要求相悖。

为了处理海岸带利用中复杂的利益冲突，《海岸带管理法》确立了规划的制度。规划是以一个以最优方式达到目标而制定未来行为的决策过程，是一种具有鲜明导引性和参与者本身特征的有目的改造和利用自然，创建人为环境的社会行动。② 通过海岸带管理规划的制定与实施，将海水利用纳入到海岸带管理这个整体视域下进行安排，可以有效解决海水利用同其他海岸带利用方式之间的矛盾，也有助于实现环

---

① State Water Resource Control Board: Guide to Water Transfers, pp51 – 55, available at http://www.swrcb.ca.gov/waterrights/water_issues/programs/water_transfers/, 2011 – 11 – 16.

② Y. Dror, The Planning Process: A Facet Design, International Review of Administrative Science, 1963, 29(1): 51.

境友好型利用。

1. 海岸带管理(含海水资源利用)规划

(1)规划制定的主体。

在美国关于海岸和海洋资源三级管理的体制下,州政府在海岸带利用规划的制定中具有领导地位。联邦内政部通过财政与技术援助的激励手段推动各州制定海岸带利用规划,各州可在规划中对海水资源的开发、利用与保护做出统筹安排。

在加利福尼亚州,海岸委员会是州海岸带管理机关,海岸带规划的制定在其职权范围内。目前,加州已按照《海岸带管理法》的要求制定《加利福尼亚州海岸管理规划》(California Coastal Management Program, CCMP)并获得联邦批准。海岸委员会还推动地方当局制定地方海岸规划(Local Coastal Program, LCP),以使各地方根据各地具体情况合理确定海水资源开发等海岸带利用措施。

(2)规划的制定与审批程序。

在州指定机构制定该州海岸带管理规划的过程中,要求为相关联邦机构、州机构、地方政府、区域组织、港口管理机构以及其他利益相关的团体和个人、公众和私人提供广泛参与的机会,充分听取他们的意见,具体的参与形式有听证会、磋商等。州海岸带管理规划制定后,应提交联邦商务部进行审批。商务部审批通过后,该州有权获得联邦的援助。①

在加利福尼亚州,地方当局制定地方海岸规划后,应提交州海岸委员会进行审查,以确认该规划与《加利福尼亚海岸管理法》的要求相一致。在经过公众听证程序之后,海岸委员会做出批准或者不批准的决定。如果海岸委员会不同意规划中的执行机制,可以向地方当局提出修改建议,地方当局可以接受修改建议以使规划获得批准。经海岸委员会批准后,规划具有法律效力,在海岸带从事海水利用活动,应受到

① 《海岸带管理法》第306条。

地方海岸规划的约束。[①]

(3)规划的主要内容。

规划的主要内容包括以下几个方面:

①什么是在海岸带中对海岸带水域具有直接而重大影响却被允许的水域利用者的定义。海水利用工程显然牵涉海域利用问题。

②指定海岸带中应特别关注的区域。在这些特别关注的区域内,包括海水利用在内的海岸带开发往往受到特别限制。

③与水域利用相关的州宪法规定、法律、规章和司法决定的清单。

④在特定区域确定各种利用方式之间优先顺位的普遍指导方针,特别包括那些优先顺位最低的利用方式。海水利用与其他海岸带利用方式发生冲突时如何解决,可根据这些指导方针酌情确定。

⑤海岸带管理的组织结构,包括管理过程中地方、跨地方、州、地区以及州际机关的职责以及相互关系。

⑥在海岸带中设置能源设施或者设置对海岸带具有重大影响能源设施的规划程序。海水利用的过程中需要消耗大量能源,能源设施的设置对海岸带的开发有重大影响,因而须认真考虑。[②]

(4)规划的修改。

各州的海岸带管理规划经过联邦商务部部长批准后,应严格执行。各州如要对规划进行修改,应当首先经过本州州长的审查与批准。经州长批准后,各州将规划的修正案提交商务部部长批准。

商务部部长应当自收到各州提交的修正案之日起 30 日内决定是否批准该修正案,或者决定延长该修正案的审查期限,但审查期限从部长收到该修正案之日起不得超过 120 日。如果部长没有再法定期限内没有告知各州其是否批准该修正案,视为该修正案已被批准。

在商务部部长批准修改案之前,各州不得执行海岸带管理规划中的修改部分。在修正案审查期间,商务部部长可以中止联邦对该州海

---

① Tim McRae, Coastal Desalination, "Coastal - Dependency" and the California Coast: How Today's Desalination Proposals Could Affect Tomorrow's Coastline, 31 Environs Envtl. L. & Pol'y J. 108.

② 《海岸带管理法》第 306 条 d 款第(2)项。

岸带管理规划的全部或部分拨款。在做出最终决定之前,如商务部部长认为该修正案很可能得到批准,可以对该修正案予以初步批准,以使各州得以运用联邦资金实施海岸带管理规划中的修改部分。①

(5)规划的执行与检查。

在州海岸带管理规划经过商务部批准后,由各州组织实施该规划。在加利福尼亚州,实施州海岸带管理规划的州政府机构为海岸委员会。海岸委员会行使海岸带的管理权,以使包括海水资源开发在内的海岸带利用活动与州海岸管理规划相一致。

海岸委员会在执行海岸管理规划的过程中,如发现所采取的措施与地方的地区条例、决定或者其他行动相冲突,应当在采取措施之前向有关地方政府通报,并在30日内不采取执行行动。在收到通知之日起30日内,地方政府应当向海岸委员会提书面意见,以及替代性措施的建议。如果地方政府在30日内提交书面意见,则海岸委员会应当充分考虑这些意见,并可在自由裁量权的范围内决定举行关于地方政府意见的公共听证会,然后做出决定。②

商务部部长应对各州执行海岸带管理规划的情况进行持续检查。在检查过程中部长应当以公开的方式实施评价,并为公众参与提供充分的机会,包括在被评价的州举行公众会议,并向公众提供提交书面或口头意见的机会。对于这样的公众会议,部长应当至少提前45天通过在《联邦公报》发布通知,在被评价的州广泛流通的报纸上及时发布通知,同已知对评价有兴趣的人或组织沟通等方式通知公众。每次评价应当以报告的形式准备,并且应在报告中对评价过程中收到的书面意见进行书面答复。最终的评价报告应当于在被评价州举行的最后一次公众会议结束后120日内完成。③

如果商务部部长认为有关州违背了海岸管理规划,则有权中止对该州的财政援助,并收回已经援助的部分。在采取这些制裁措施之前,部长应经过通知与听证程序,并可阐明为了不进行制裁州可采取的补

① 《海岸带管理法》第306条e款。
② 《海岸带管理法》第306条d款第(3)项。
③ 《海岸带管理法》第312条。

救措施。

2. 海水资源保护规划

为保护海岸带的海水资源,《海岸带管理法》除要求各州制定海岸带管理规划外,还要求各州制定《海岸带非点源污染控制规划》。该规划制定的主要目的在于促进与州和地方管理当局密切合作,确定并实施非点源污染的管理措施,以恢复和保护海岸带水域,其内容应与海岸带管理规划等其他相关规划相协调。

(1)规划的实体内容。

具体而言,《海岸带非点源污染控制规划》的主要内容包括:

①合理确定海岸带土地用途,以保护海岸带水域免受新的或者扩大的污染源威胁,保障海水水质达到水质标准。

②确定关键海岸带区域,在关键海岸带区域内的任何新的土地利用以及既有土地利用的重大扩张应当受到严格限制。

③确定适用于海岸带土地利用和水域水质保障的管理措施,并根据执行情况不断进行修订。

④确定向地方政府和公众提供的技术援助措施和其他援助措施,这些援助措施包括在制定条例与规章、预测与评估所采取措施的影响方面的指导,培训,财政激励,等等。

⑤明确公众参与的要求,即《海岸带非点源污染控制规划》的所有方面都应为公众提供参与的机会,公众参与的方式包括公示、征求意见、公众推荐、公众听证会和其他方式。

⑥明确行政协调的机制,建立与健全联合方案审查、备忘录以及其他机制,推动州机构之间,以及州与负责土地利用与许可、水质许可与执行、动物栖息地保护和公共健康与安全的地方官员之间的协调。

⑦合理确定州海岸带的界限,使海岸带界限达到控制对该州海岸带水域有重大影响的土地与水域利用有必要的程度。[①]

(2)规划的制定与审批程序。

《海岸带非点源污染控制规划》的制定程序与海岸带管理规划大

① 《海岸带管理法》第6217条b款。

致相似，但在审批方面却存在很大不同。《海岸带非点源污染控制规划》除要提交商务部进行审批外，还必须提交环境保护署审批。

在各州呈交《海岸带非点源污染控制规划》之日起6个月内，商务部部长和环境保护署署长应当联合审查该计划。在同时满足下列两项条件时，该规划应得到批准：其一，商务部部长认为规划中属于其管辖的部分符合《海岸带管理法》的要求，并且环境保护署署长同意该意见；其二，环境保护署署长认为规划中属于其管辖的部分符合《海岸带管理法》的要求，并且商务部部长同意该意见。这两项条件实质上就是确立了在《海岸带非点源污染控制规划》审批方面的两部门"首长一致"规则，有利于避免商务部与环境保护署在海岸带水域保护方面的职能冲突。[①]

（3）规划的执行。

在《海岸带非点源污染控制规划》经商务部部长和环境保护署署长批准后，各州应及时修改根据《联邦水污染防治法》批准的州非点源污染控制方案，以及据1972年《海岸带管理法》及其修正案制定的州海岸带管理规划，以使《海岸带非点源污染控制规划》得到切实地执行。[②]

总之，美国立法者认识到了规划制度在海水资源开发与保护方面的重要性，在相关立法中用大量条文规定了该制度。特别需要注意的是，美国的规划制度，并非简单的就事论事，仅仅制定海水资源开发与保护规划就为已足，而是从海岸带管理的宏观角度考察海水资源的开发与保护，在海岸带管理规划中为海水资源开发与保护规划预留空间，体现了系统性的环境资源管理思想，也有利于协调海水利用同其他海岸带利用方式，经济发展与环境保护之间的关系。在美国对海岸和海洋资源实行三级管理的体制下，联邦政府难以直接制定海岸带管理规划。联邦政府主管机构的职能是通过激励手段促使各沿海州制定并实施海岸带管理规划，联邦政府主管机构保留对规划的批准权。州海岸管理主管机构则推动地方当局制定并实施地方海岸规划，如此又使规

① 《海岸带管理法》第6217条c款第（1）项。

② 《海岸带管理法》第6217条c款第（2）项。

划制度落实到地方。规划的制定、批准、执行、修改、检查都有严格的程序,在这些程序中尤其重视公众参与,具有较为详细的信息公开和公众参与规定。

(五)美国海水资源开发与保护激励制度

在美国与海水资源开发与保护相关的立法中,具有大量激励性质的法律规定。这些激励性质的法律规定主要有两种类型,一种是财政援助激励,另一种是技术援助激励。之所以在立法中会有大量的激励性质的规定出现,原因之一在于海水资源开发是一项较为新兴的事业,需要法律通过利益诱导机制促进其发展。在很多情况下,间接的利益诱导比直接的命令管制要取得更好的效果。此外,因美国对于海岸和海洋资源实行三级管理的体制,海水资源开发与保护多在州的管辖权范围内,联邦立法除非为了国家利益的需要,一般难以直接干涉。在这种背景下,联邦立法也只能诉诸柔性的激励性质法律制度而非刚性的直接管制性质的法律制度,推动各州采取切实可行的制度,保障海水资源开发与保护事业的发展。

1. 海水资源利用中的激励制度

(1)海水淡化利用中激励制度。

为了研发海水淡化中最有经济效益和技术成效的方法,内政部部长有权通过财政拨款的方式促进有关调查和科研项目的进行。根据1996年《咸水淡化法》相关规定,美国国会在1997—2002财政年度每年给予内政部部长500万美元的拨款授权,其中每财年要提供100万美元给予教育科研机构。为了拉动州、地方和社会资金配套,《咸水淡化法》对联邦资金的适用有一定的限制,即海水淡化技术的调查、研究和工程或活动的花费中,联邦分担的部分不能超过调查研究活动或者工程总花费的50%。此外,当受联邦资助的工程建设中,联邦拨款达到工程预计总花费的25%时,内政部部长必须再一次考虑工程建设状况和财政状况。只有在当没有联邦资金的继续资助工程无法继续进行的情况下,内政部部长才能决定继续分担不超过25%的工程总花费。对于联邦资助工程购买和使用的设备,联邦没有义务支付运营、维持、修理和修复所花费费用的义务。①

在技术与管理援助方面，内政部部长有权接受来自国家和公私机构的，与调查、研究、选址、建造、运营以及其他与海水淡化相关工作有关的技术以及管理援助。内政部部长还可以与其他机构订立合作协议，获取或者提供技术和管理援助。②

（2）海岸带管理中激励制度。

①财政激励制度。

海水资源开发为海岸带利用方式之一种，其科学合理地进行必然要纳入到海岸带综合管理的视角下考查。为了推动各州结合本州具体情况制定并实施可以包括海水资源利用规划在内的海岸带管理规划，《海岸带管理法》规定了详细的财政激励措施。对于尚未制定海岸带管理规划的州，如果其具有制定海岸带管理规划的意向，便可向商务部部长申请制定海岸带管理规划的资助。但是，联邦资助也有一定条件限制：其一，在每一财政年度，资助各州制定海岸带管理规划的拨款不得超过20万美元；其二，接受拨款的州应当按照联邦与州4∶1的比例进行资金配套；其三，除非商务部部长认为沿海州令人满意地进行制定管理规划的工作，否则在向沿海州进行最初拨款之后，不会继续向该州进行拨款；其四，任何一个沿海州获得制定海岸带管理规划拨款不得超过4次。③

在沿海州提交的海岸带管理规划经批准后，商务部部长为了实现对该规划的实施进行行政指导的目的，可以对州进行拨款，但前提是该州予以资金配套。具体而言，对于在1990年《海岸带法再授权修正案》（1990年11月5日通过）通过之前其管理规划就已经被批准的州，在任何财政年度按照联邦与州1∶1的比例进行资金配套；对于在1990年《海岸带法再授权修正案》（1990年11月5日通过）通过之后其管理规划被批准的州，联邦与州的资金配比在第一财政年度为4∶1，第二财政年度为2.3∶1，第三财政年度为1.5∶1，以后的每一财政年度为1∶1。商务部部长可动用于这一方面的总的资金数额受到限制，在1997财政

① 《咸水淡化法》第7条、第8条。

② 《咸水淡化法》第6条。

③ 《海岸带管理法》第305条。

年度不超过 4 760 万美元，在 1998 财政年度不超过 4 900 万美元，在 1999 财政年度不超过 5 050 万美元。商务部部长给予沿海州的任何拨款或部分拨款的资金，如该州在该财政年度或者该财政年度后的第二个财政年度没有使用，那么这些最初授权该州使用的资金应交回至部长，由部长另行依法拨出。商务部部长在决定拨款时，应与各沿海州协商，确定各州在每一财政年度最大和最小数额的拨款，以促进各沿海州之间的公平，以及海岸带管理效率的提高。①

为了保障给予各州拨款的正当使用，《海岸带管理法》在规定拨款的同时，还确立了资金记录与审计制度。接受拨款的各州应当按照商务部部长的要求保存接受财政援助记录，包括详细说明了拨款的资金总额与安排的记录，计划实施的总成本记录以及便于有效审计的其他记录。为了审计和检查的需要，商务部部长和总审计长可以接触获得拨款或财政援助的记录、账册等资料。②

商务部部长应当对各州海岸带管理的情况进行持续检查，当发现相关州没有遵守海岸带管理规划或者接受拨款或合作协议所附条件，其可以对该州采取临时制裁措施，即中止任何比例的给予该州的财政援助，并且可以收回未被中止的那部分比例的援助。但商务部部长在采取临时制裁措施之前，应给与该州采取补救措施的机会，向该州州长提供为了避免财政援助被中止而应采取的行动的书面说明和日程安排，以及如何为采取补救行动而使用被中止财政援助中的资金的书面说明。财政援助的持续中止时间在中止日之后不得少于 6 个月，也不得长于 36 个月。如果相关州没有采取商务部部长认为合适的补救行动，部长就有权采取最终制裁措施，即撤销对该州海岸带管理规划的批准，收回该州所获得的财政援助以及未被中止那部分比例的援助。但在撤销对该州的海岸带管理规划的批准之前，商务部部长应当通知该州，并提供公众听证的机会。同时，商务部部长还应向州长提供书面声明，阐述该州如希望部长取消该撤销决定所应采取和不应采取的

---

① 《海岸带管理法》第 306 条 a 款，第 318 条。

② 《海岸带管理法》第 313 条。

行动。①

②技术激励制度②。

商务部部长应当出台方案，为各州海水资源利用规划的制定与执行提供技术援助。联邦政府的每一部门、机构、行政分支组织应当在可获补偿的基础上协助部长进行技术援助，包括在法律允许的范围内提供信息，交流人员，进行调查、研究，等等。

商务部部长对其管辖下的所有技术援助、调查和研究活动进行协调，并保障调查与研究的结果可以被沿海州以技术援助出版物、研讨会或者其他适当的方式使用。部长应就技术援助方案同各州协商，以提高技术援助的实施效果。

③奖励制度③。

商务部部长每年对在海岸带管理方面有杰出成就者进行奖励，奖励对象包括：对海岸带管理有最重要贡献的1个人，联邦政府的雇员或官员除外；在海岸带管理方面进步最大的5个地方政府；学术研究主要致力于发展新的或改进的海岸带管理方法的10个研究人员。奖励的具体形式有：每次不超过5 000美元的现金奖励，研究拨款和公布获奖的公众集会。

在确定获奖的地方政府名单时，部长应征求沿海州的提名，并同地方政府在规划与土地利用方面的专家协商；在确定获奖研究人员名单时，部长应征求沿海州和"国家海洋拨款学院计划"（National Sea Grant College Program）的提名。

2. 海水资源保护中的激励制度

（1）财政激励制度。

海水资源保护的关键在于控制非点源污染，而控制非点源污染的关键在于各州制定并实施《海岸带非点源污染控制规划》。为推动各州制定并实施《海岸带非点源污染控制规划》，商务部部长和环境保护

① 《海岸带管理法》第312条。
② 《海岸带管理法》第310条。
③ 《海岸带管理法》第314条。

署署长有权采取财政援助措施。

为了促使各沿海州及早制定《海岸带非点源污染控制规划》，《海岸带管理法》赋予了商务部部长和环境保护署署长财政制裁措施。对于未提交《海岸带非点源污染控制规划》的州，商务部部长有权在每一财政年度扣留一定比例的依据《海岸带管理法》应给予该州的海岸带管理财政援助，直至该州提交规划：1996 财政年度为 10%，1997 财政年度为 15%，1998 财政年度为 20%，1999 及以后的每一财政年度为 30%。对于被扣留的资金，商务部部长应当用于已经具有经批准的《海岸带非点源污染控制规划》的州。环境保护署署长对于未提交《海岸带非点源污染控制规划》的州，有权在每一财政年度扣留一定比例的依据《联邦水污染防治法》应给予该州的水污染防治财政援助，直至该州提交规划：在 1996 财政年度，为 1995 年财政年度拨款数额的 10%；在 1997 财政年度，为 1996 年财政年度拨款数额的 15%；在 1998 财政年度，为 1997 年财政年度拨款数额的 20%；在 1999 及以后各财政年度，为 1998 年及以后各前一财政年度拨款数额的 30%。对于被扣留的资金，环境保护署署长应当用于已经具有经批准的《海岸带非点源污染控制规划》的州。通过扣留财政援助的反向激励措施，联邦有效地推动了各州及时出台《海岸带非点源污染控制规划》。①

为实施《海岸带非点源污染控制规划》，在有关州请求的基础上，商务部部长经与环境保护署署长协商，可以向该州拨款，但拨款数额不得超过为实施规划所花费费用的 50%。在实施规划的成本中，应由州承担的份额不得由联邦资金支付。商务部部长在这一方面拥有的拨款授权，1992 财政年度为 600 万美元，1993 财政年度为 1 200 万美元，1994 财政年度为 1 200 万美元，1995 财政年度为 1 200 万美元。环境保护署署长在这一方面拥有的拨款授权在 1992 年、1993 年和 1994 财政年度每一财政年度不超过 100 万美元。②

① 《海岸带管理法》第 6217 条 c 款第(3)项、第(4)项。

② 《海岸带管理法》第 6217 条 f 款、h 款。

（2）技术激励制度。

商务部部长和环境保护署署长负有在制定与实施《海岸带非点源污染控制规划》方面给予沿海州和地方政府技术援助的义务。这些技术援助包括：

①海岸带土地利用对水质影响的评估方法方面的援助；

②水质对海岸带发展的累积性影响的评估方法方面的援助；

③在制定示范条例，确定、发展、执行污染防治措施方面的援助；

④预测和评估海岸带土地利用管理措施对海岸带水质和指定利用方式所产生影响的方法的援助。[①]

总之，通过梳理美国海水资源开发与保护的激励法律制度，可以发现如下一些特点：

第一，激励以财政援助激励为主，以技术援助激励、奖励等其他方式为辅。为了实现联邦预定的调整目标，促使各州实施联邦希冀各州所实施的行动，联邦拥有大量财政激励性质的立法。

第二，援助激励分为正向激励与反向激励两种类型。所谓正向激励，是指当各州做出联邦所要求的行动时，便可获得联邦的资金与技术支持，以此促进与引导各州的行动。所谓反向激励，是指当各州没有做出联邦所要求的行动时，便要承担一定的联邦援助被扣留、被中止或被收回的不利后果，如各州不制定《海岸带非点源污染控制规划》时，其海岸带管理财政援助和水污染防治财政援助将被扣留一部分数额。如此，给各州施加了按照联邦要求行动的压力。

第三，注重引导地方资金和社会资金配套。在立法中，联邦财政援助都有一定的比例限制，如规定联邦财政援助不得超过项目总成本的50%，另外50%由州、地方政府或其他来源解决，由此起到了由联邦资助带动其他力量投资的规模效果；或者立法中直接规定州要获得联邦援助，必须按照一定的比例配套，如1:1配套。

第四，合理确定财政援助中的联邦比例与数额，体现出科学性。如对于在1990年《海岸带法再授权修正案》（1990年11月5日通过）通过之后其管理规划被批准的州，联邦与州的资金配比在第一财政年度

① 《海岸带管理法》第6217条d款。

为4∶1，第二财政年度为2.3∶1，第三财政年度为1.5∶1，以后的每一财政年度为1∶1，之所以如此，在于规划实施之初所花费费用较多，联邦比州承担更多的资金配比显然合理，此举有利于激发州和地方的积极性。

第五，注重联邦财政援助的正当运用，建立严格的财政援助记录与审计制度，保障联邦有关部门部长和审计长对州运用资金的监督。

（六）美国海水资源开发与保护行政许可制度

行政许可是行政法上的一项重要制度，在美国海水资源开发与保护的相关立法中适用十分普遍。所谓行政许可，是指行政机关根据行政管理相对人的申请，依据法律、法规的规定，通过颁发证明或批准、登记、认可等方式，允许其从事某项活动，行使某项权利，获得某种资格和能力的具体行政行为。[①] 行政许可是一项手段性制度，具有保障其他法律制度，如规划制度、环境保护制度等实施的功能，在实践中发挥重要作用。

1. 联邦和州立法中海水资源开发与保护相关行政许可

以兴建海水淡化工程为例，兹将其可能需要申请的联邦行政许可进行大致梳理，如表4.5所示。

从表4.5可以看出，联邦与海水淡化工程建设的行政许可，主要集中于两方面：其一为环境保护相关的行政许可，如为保护濒危物种和国家海洋保护区的生态环境而设置的行政许可；其二为交通和国土安全相关的行政许可，如向陆军工程兵军团和美国海岸警卫队申请的相关行政许可。这两类行政许可的共同特点是与国家利益直接相关。在美国关于海岸和海洋资源实行三级管理的体制下，联邦立法所设置的行政许可也只能局限于维护国家利益层面。

① 王连昌主编：《行政法学》，北京：中国政法大学出版社，1994年，第168页。

表 4.5　美国海水淡化工程所需联邦行政许可①

机构	许可	适用对象
陆军工程兵军团	第 404 条许可 第 10 条许可	在可航行水域设置管线申请 在可航行水域设置构筑物申请
美国海岸警卫队	军队的相关许可	
国家海洋渔业局	《濒危物种法》第 7 条所规定的批准	影响濒危物种的申请
国家海洋与大气管理局	相关许可	在国家海洋保护区的工程建设申请
美国渔业与野生动物保护局	《濒危物种法》第 7 条所规定的批准	影响濒危物种的申请
蒙特利海湾国家海洋保护区	相关许可	从海湾取水或向海湾排水的申请

州及地方立法中所设置的行政许可是美国海水资源开发与保护行政许可的主体部分，以加利福尼亚州为例，有关行政许可大致如表 4.6 所示。

表 4.6　美国海水淡化工程所需州及地方行政许可②

机构	许可	备注
海岸委员会	海岸开发许可	适用于影响海岸水域的工程和要求联邦许可或批准的工程，要求与海岸带管理规划保持一致

① See Department of Water Resource, California Desalination Planning Handbook, p73, available at www. water. ca. gov/desalination/pud_pdf/Desal_Handbook. pdf, 2011 - 11 - 20, and The California Coastal Commission, Seawater Desalination and the California Coastal Act, p90, available at www. coastal. ca. gov/energy/14a - 3 - 2004 - desalination. pdf, 2011 - 11 - 20.

② See Department of Water Resource, California Desalination Planning Handbook, pp. 73 - 74, available at www. water. ca. gov/desalination/pud_pdf/Desal_Handbook. pdf, 2011 - 11 - 20, and The California Coastal Commission, Seawater Desalination and the California Coastal Act, p90, available at www. coastal. ca. gov/energy/14a - 3 - 2004 - desalination. pdf, 2011 - 11 - 20.

续表

机构	许可	备注
卫生部	州安全饮水法和联邦地表水处理规则的相关许可	
公园和休闲部	在或者邻近州公园设置设施的许可	
交通部	占用许可	适用于横跨州高速路的设施
水资源部	使用州水资源传输设施的许可	
公用事业委员会	规范水服务、费率和服务区域的相关许可	
州土地委员会	土地租借许可	
州水资源控制委员会/地区水质控制委员会	水质许可 NPDES 许可	
渔业与狩猎部	《加利福尼亚州濒危物种法》的相关许可	
旧金山海湾保护与开发委员会		在旧金山湾设置的类似于海岸委员会的机构
地方		
市或县/地方公共服务当局/水管理区	因地而异,可能包括建设许可、卫生部门许可、运营许可或者其他类型的许可	

在上述行政许可中,由海岸委员会颁发的海岸开发许可是综合性的行政许可。海岸委员会在颁发海岸开发行政许可前,一般现行审查申请是否取得了其他相关行政许可。除该许可外,其他许可依据其目的之不同,可以分为三类:第一类为规范海水淡化工程质量的行政许

可，如水资源部颁发的使用州水资源传输设施许可；第二类是协调海水淡化利用与其他海岸带利用方式之间冲突的行政许可，如公园与休闲部颁发的在或者邻近州公园设置设施的许可，交通部颁发的占用许可；第三类为环境保护相关许可，如美国国家污染物排放清除制度（NPDES）许可，保护濒危物种有关许可。

设置行政许可，有控制危险、配置资源和提供公信力证明三个主要功能。[①] 具体到海水资源开发与保护领域，保护濒危物种相关许可、NPDES 许可等有助于控制开发利用活动可能对环境、社会和其他人带来的不利影响；海岸开发许可、土地租赁许可等可以对海岸带资源进行科学配置，协调各种利用方式之间的冲突；规范水服务相关许可和安全饮水法相关许可可向社会公众证明海水资源利用者的信誉，推动公众较为放心地使用淡化海水。正因为行政许可在控制危险、配置资源和提供公信力证明方面不可或缺的作用，联邦、州和地方有关海水资源利用的立法都设置了行政许可。

2. 行政许可的具体程序

（1）申请。

在海岸带内从事海水利用工程建设者应当向州海岸委员会申请海岸开发许可。但如果地方已经制定《地方海岸规划》并经过州海岸委员会批准，则申请人应当向地方当局申请许可。[②] 申请人在申请时应填写申请表，并在递交申请时缴纳申请费。

申请表应具有如下内容：第一，申请人、代理人的姓名、住址、联系方式等基本信息。第二，拟建设海水利用工程的信息，包括坐落、高度、造价、具体设计等。第三，相关附随信息，如拟建设海水利用工程是否位于第一条公共道路和海洋之间，是否对目前公众接触海岸线的路径造成影响，是否需要在海洋、入海口填埋物料、排放废水或者放置构筑物等等。第四，相关支撑材料，包括对有关海岸带土地和水域享有法律上权利的证明，工程区位图，有关地方许可的复印件，与工程有利害关

---

① 罗豪才，湛中乐：《行政法学》，北京：北京大学出版社，2006 年，第 185 – 186 页。

② 下文如无特殊说明，均指向州海岸委员会提出许可申请。

系人的姓名及地址，工程建设计划的复印件，环境影响评价相关文件，渔业与狩猎部、州土地委员会、陆军工程兵军团、海岸警卫队等部门颁发的许可或批准证明文件等。第五，申请人对接收海岸委员会通知的意见。第六，申请人以正当方式同海岸委员会联系的承诺。第七，申请人对申请内容认可的承诺。第八，如授权他人申请，应填写授权内容。①

在提交海岸开发许可申请时，应交纳申请费。海水利用工程的海岸开发许可申请费，可以根据建设面积或者工程造价进行超额累进征收。费用表如表 4.7 和表 4.8。②

表 4.7　美国海水利用工程海岸开发根据建设面积计算申请费用表

面积	费用
1 000 平方英尺及以下	5 000 美元
1 001 至 10 000 平方英尺	10 000 美元
10 001 至 25 000 平方英尺	15 000 美元
25 001 至 50 000 平方英尺	20 000 美元
50 001 至 100 000 平方英尺	30 000 美元
100 001 平方英尺及以上	50 000 美元

表 4.8　美国海水利用工程海岸开发根据工程造价计算申请费用表

工程造价	费用
100 000 美元及以下	3 000 美元
100 001 美元至 500 000 美元	6 000 美元
500 001 美元至 2 000 000 美元	10 000 美元
2 000 001 美元至 5 000 000 美元	20 000 美元

① See The California Coastal Commission, Coastal Development Permit Application and Appeal Forms - Energy & Ocean Resources, available at http://www.coastal.ca.gov/cdp/cdp-forms.html, 2011-11-30.

② See The California Coastal Commission, Schedule Of Filing Fees For Processing Permit Applications And Other Filings, available at http://www.coastal.ca.gov/cdp/cdp-forms.html, 2011-11-30.

续表

工程造价	费用
5 000 000 美元至 10 000 000 美元	25 000 美元
10 000 001 美元至 25 000 000 美元	30 000 美元
25 000 001 美元至 50 000 000 美元	50 000 美元
50 000 001 美元至 100 000 000 美元	100 000 美元
100 000 001 美元及以上	250 000 美元

以上所称工程造价，包括工程设计成本以及所有预计工程建设成本。除了上述费用外，还要其他一些行政管理性质的费用实行定额征收，如申请紧急许可，须交纳 1 000 美元。

为指导申请人正确提出申请，《加利福尼亚海岸法》对海岸委员会提出了信息公开的要求。根据该法第 30620 条的规定，海岸委员会应当向公众提供申请海岸开发许可的表格，并为公众提出申请进行指导。[①]

（2）受理、审查与决定。

海岸委员会收到申请后，对申请信息和支撑材料是否齐全进行形式审查。如果申请信息和支撑材料齐全并且符合法定形式，或者经海岸委员会要求补正信息和材料的，海岸委员会受理申请。

受理申请后，海岸委员会对拟建设工程是否符合《加利福尼亚州海岸管理法》及有关法律法规和海岸规划进行审查。经审查符合要求的，海岸委员会颁发海岸开发许可。经审查不符合要求的，不予许可。不予许可的，申请人对申请作出必要修改后可重新提出申请，或者向法院起诉。如果顺利的话，获得海岸开发许可将经过 3 ~4 个月时间。如果许可过程中举行公众听证会，则会经历 4 ~6 个月时间。[②]

---

① See Section 30620 of The California Coastal Act , available at http://www. leginfo. ca. gov/cgi – bin/displaycode? section = prc&group = 30001 – 31000&file = 30620 – 30627, 2011 – 11 – 30.

② See How to Apply for a Coastal Development Permit, www. co. sanmateo. ca. us/vgn/images/portal/1036937921005. pdf, 2011 – 11 – 01.

(3)申诉。

在向地方当局申请海岸开发许可被拒绝的情况下,申请人有权向州海岸委员会提出申诉,但申请必须有法定的理由,即该申请与地方海岸规划和《加利福尼亚海岸管理法》的要求相符。申请人提出申诉的期间为州海岸委员会收到地方当局关于不予颁发许可的最终决定后10个工作日。在此期间内提出申诉的,海岸委员会在49日内组织关于该申诉的公众听证会,并决定申诉要求是否与地方海岸规划和《加利福尼亚海岸管理法》的要求相符,考察的因素有拟建设工程所影响资源的意义,地方决定是否以及在何种程度上与地方海岸规划及《加利福尼亚海岸管理法》的要求相悖等。之后,海岸委员会可以作出驳回申诉或者颁发海岸开发许可的决定。如果申诉不牵涉海岸开发的重大问题,一般经过2~3个月海岸委员会便可作出最终处理决定。如果牵涉到重大问题,则需要6~8个月的时间。①

总之,行政许可是一项重要的手段性法律制度,合理的行政许可法律制度设计,可以有效地调整海水资源利用与保护行为,使之按照立法者预定的意图进行。在美国,无论是联邦立法还是州立法,都有同海水利用相关的行政许可规定。这些行政许可大致可以分为三类:其一是自我规范型的行政许可,这些许可为海水利用产业本身提出要求,如安全饮水法的相关许可;第二类是协调海水利用与其他海岸带利用方式之间的行政许可,如在海洋公园设置设施时由公园和休闲部颁发的许可;第三类环境保护类行政许可,如NPDES许可。这三类行政许可的设置,可以有效地发挥行政许可在海水资源开发与保护方面控制危险、配置资源和提供公信力证明之功能。

一方面要发挥行政许可制度的作用,另一方面也要避免行政许可成为海水资源开发的阻碍因素。因此,对行政许可的设置和实施应有必要的限制。在设置上,应防止行政许可的滥设,将其限定于必要的范围内;在实施上,应简化申请程序,同时注重信息公开,由政府相关部门对申请人申请行政许可的行为予以指导,尽可能地便利申请人。

---

① See The California Coastal Commission, The Coastal Commission Permit Appeal Process, available at www. coastal. ca. gov/energy/14a-3-2004-desalination. pdf, 2011-11-20.

（七）美国海水资源开发中的环境保护制度

在美国，海水资源开发利用所导致的不利环境影响受到重点关注，成为海水资源开发大规模进行的主要制约因素之一。海水资源开发所导致的不利环境影响体现在如下一些方面：其一，大规模汲取海水对海岸带海域生态环境造成不利影响。无论是海水水资源利用，还是水化学资源利用，都以大量汲取海水为前提，而海水正是海域生态环境的基本构成要素。大量汲取海水无疑会对海洋生物的生存带来不利影响，尤其在近海海域为濒危物种的栖息地时，这种消极影响更是明显。其二，海水利用中废水排放影响海岸带海域的生态环境。海水作为冷却用水而直接利用时，其使用后含有大量废热；进行海水淡化后，将剩余部分浓盐水；同时，在海水利用的废水中难免含有一些工业生产流程中所必须使用的化学物质。这些废热水、浓盐水和含化学物质的废水排入水体，虽然对海洋整体环境状况的影响微乎其微，但对局部海域却能产生显著影响。其三，在目前的科学技术水平下，海水资源利用需要消耗大量能源。因此，大规模开发利用海水资源在一段时期内会与为应对气候变化而节能减排的大趋势背道而驰。

为了应对海水资源开发利用所导致的不利环境影响，实现环境友好型利用，美国在立法中作出了一些制度安排，如环境影响评价制度，废热水排放标准制度等。此外，为了保护海水的水质，控制对海水的点源污染和非点源污染，立法中还确立了针对点源污染的 NPDES 许可制度和针对非点源污染的规划制度。

1. 环境影响评价制度

（1）联邦与海水资源利用有关的环境影响评价制度①。

鉴于海水资源利用的重大环境影响，与海水资源开发利用相关的联邦建议、立法议案和重大联邦行动都应当进行环境影响评价。1972年《国家环境政策法》首创了环境影响评价制度，根据该制度，凡对环境质量产生重大影响的联邦建议、立法议案以及重大联邦行动，都应当

① 《国家环境政策法》第 102 条。

提交环境影响报告。环境影响评价报告的主要内容包括:第一,拟议行动对环境的影响;第二,提案行为付诸实施对环境所产生的不可避免的不良影响;第三,提案行为的各种替代方案;第四,当地人类环境短期使用于长期生产力维持与提高之间的关系;第五,提案行动付诸实施时可能产生的无法恢复和无法补救的资源损耗。

作出海水资源开发决定的联邦政府机关,如内政部、商务部等,是环境影响评价的责任机关。有关联邦政府机关在作出海水资源开发的决策时,应综合考虑自然、社会和环境影响。在制作环境影响报告之前,负责经办环境影响评价的官员应与具有管辖权和专业知识的其他联邦机构进行沟通,取得他们对决策可能引起的环境影响的评价。如内政部作出有关海水淡化利用的决策,应取得商务部、环境保护署等相关部门的意见。有关联邦政府机关制作的环境影响报告及有关意见书副本应一并提交总统和环境资源委员会,并依照规定向公众公开。环境影响评价文件经审查通过后,有关决策才能予以实施。

环境影响评价制度的贯彻,可以有效保障联邦政府机关作出环境友好型的海水资源利用决策。环境影响评价制度也为众多国家所效仿。

(2)州与海水资源利用有关的环境影响评价制度。

1972 年《国家环境政策法》所确立的环境影响评价制度只能调整联邦政府机关的行为,而各州的环境影响评价制度由各州的立法自己决定。

《加利福尼亚州环境质量法》确立了加利福尼亚州的环境影响评价制度。该法要求所有公共机构的决策者考虑他们决策的环境影响,所谓公共机构包括任何州机构、委员会,任何县、市、地区机构,公共管理区和其他政治实体。任何由公共机构实施或者批准的工程,都受到《加利福尼亚州环境质量法》规制而进行环境审查。

对于任何对环境有显著影响的工程,有关公共机构应当准备环境影响报告。在准备环境影响报告之前,公共机构可进行初步研究,以确定拟议工程是否对环境有显著影响。当研究表明没有充分证据表明拟议工程对环境有显著影响时,公共机构应提交“消极性声明”(negatived eclaration)而非环境影响报告。反之,则应提交环境影响报告。显著环境影响是指对工程所影响区域任何物理条件的重大不利改变或者潜在重大不利改变,包括对水域、土地、植物、动物等的影响。海水利用工程的修建,显然对环境有重大不利影响,因此都必须经过环境影响评价,提交环境影响报告。①

环境影响报告的主要内容是详细描述和分析拟议工程的显著环境影响,讨论减轻或消除这些影响的措施,其目的在于确保公共机构在决策时已经考虑拟议工程的所有不利环境影响。海水利用工程的种种不利环境影响,在环境影响报告中应全部说明,如加利福尼亚州卡尔斯拜得海水淡化工程(Carlsbad Desalination Project)环境影响报告中对显著环境影响的简要说明就达 12 页之多。② 环境影响报告应当确定每一项显著环境影响并推荐缓解措施,或者提出避免这些影响的替代性方案建议。在批准工程建设之前,主管机构应当考虑到每一项环境影响并作出决定:其一,工程已经为避免或者持续性减轻不利环境影响而作出改变;其二,当其他机构对某些必要的修改有管辖权时,其他机构已经进行了这些修改;其三,处于特殊的经济、法律、社会、技术或其他考虑,最终环境影响报告所推荐的替代性方案或者缓解措施是不可施行的。主管机构所作出的任何决定应当有充分的证据支持,并予以记录留存。③

在主管机构根据环境影响报告批准工程建设后,利害关系人可以以环境影响报告存在瑕疵为由对主管机构的批准决定向法院提起诉讼要求撤销。法院将对环境影响报告是否切实充分进行审查,并作出撤销与否的判决。

---

① Mathew C. Lewis, Thirsty for Change: Desalination As a Practical and Environmentally Friendly Answer to Californiá s Growing Water Shortage, 44 U. S. F. L. Rev,2009 –2010,p945.

② Poseidon Resources, The Carlsbad Desalination Project, Final Environmental Impact Report (Dec. 2005), available at http://www. carlsbad – desal. com/EIR. asp.

③ Mathew C. Lewis, Thirsty for Change: Desalination As a Practical and Environmentally Friendly Answer to California's Growing Water Shortage, 44 U. S. F. L. Rev. 2009 –2010,pp. 946 – 947.

2. 废热水排放标准制度

为了控制工业冷却用海水使用后排放所带废热对近海海域环境的影响,《联邦水污染防治法》确立了热排放标准制度。该法授权环境保护署署长,在适当的情况下为州长,建立适用于点源的废热水排放标准,该排放标准的确立应考虑如下一些因素:其一,排放标准对废水中热能成分的比例限制要确保废水排放进入水体后水生贝类、鱼类和野生生物群落固有的平衡;其二,适用于该点源标准应当对吸入水冷却装置的场地、设计、建造和能力进行要求,运用使不利环境影响最小化的最佳可行技术;其三,该标准中热能成分的限制应当考虑到热能成分与其他污染物的相互作用;其四,标准的建立应当经过公众听证程序。①

3. NPDES 许可制度

NPDES 的全称为"the National Pollutant Discharge Elimination System",即"国家污染物排放消除系统"。NPDES 许可制度为《清洁水法》第 402 条所规定,根据该制度,任何点源,包括海水利用工程在内,向近海海域排放污染物都必经获得 NPDES 许可,否则即属违法。NPDES 许可规范的污染物指排放到水体中的传统、非传统和有毒污染物三类废物。

根据《清洁水法》,联邦环境保护署是 NPDES 许可制度的实施机关,但环境保护署可以授权各州行使其 NPDES 的全部或部分职权。对于各州颁发的 NPDES 许可,环境保护署拥有复审权。NPDES 许可证主要包括如下内容:第一,被许可人的姓名、地质、排放地点等概况;第二,控制污染物排放的基于技术、水质、健康的排放标准;第三,被许可人必须履行的对排放设施进行监控并向授权机构报告的义务;第四,其他补充的排放限制条款;第五,适用于许可证的有关法定的、行政的和程序的要求。NPDES 许可证的有效期为 5 年,如要延期,应当在期限

① 《清洁水法》第 1326 条。

届满前180日内向发证机关申请延期。①

为了保障NPDES许可制度的实施，联邦环境保护署和被授权的州拥有广泛的检查权，包括检查被许可人的场所、设备、资料等。被许可人负有遵守排污标准，监测排污情况及向环境保护署或被授权的州报告的义务。如发现被许可人有违反NPDES许可的行为，环境保护署或被授权的州可以采取发布行政命令、给予行政处罚、提起诉讼等措施。对于不遵守行政命令或行政处罚者，环境保护署或被授权的州有权向法院提起民事或刑事诉讼，由法院判处民事罚款或者刑罚。

在NPDES许可制度实施的过程中，尤其注意信息公开与公众参与。环境保护署或被授权的州制定有关NPDES的规则时必须公示，接受公众审查；在审批NPDES许可证时可组织公众听证会，听取公众意见；被许可人提交的排污监测记录、排污报告等文件应当向公众公开，公众有权知晓。对于违反NPDES许可证中排放标准的被许可人，任何公民有起诉的权利。②

自从NPDES许可制度实施后，对海洋的点源污染得到控制，可谓成效显著。

总之，海水资源开发中的环境保护问题，包含有相互联系的两方面：其一是避免海水水质免受点源与非点源污染，保护海水环境，以为海水资源的利用奠定基础；其二是海水开发中应注意控制废热水、浓盐水及其他废物排放，保护海岸带生态环境。在第一个方面的主要法律制度由NPDES许可制度和海岸带非点源污染规划制度等；在第二个方面的主要制度有环境影响评价制度和废热水排放标准制度等。

虽然美国海水资源开发的过程中存在着资源开发与环境保护的冲突，但这并没有影响到海水资源开发的进程。这不是说明美国忽视环境保护，为了开发资源而牺牲环境。事实上，美国在开发海水资源的过程中对环境保护问题较为重视，严格执行环境影响评价、NPDES许可等环境保护制度，力求实现环境友好型开发。在环保运动如火如荼开

---

① 徐祥民，陈冬："NPDES：美国水污染防治法的核心"，载中国环境资源法学网，http://www.7265.cn/Environ_view.asp?id=629，2011年10月29日访问。

② 《清洁水法》第1365条。

展的美国,此举也有利于减轻海水资源开发所带来的社会压力。从长远看,在海水资源开发中坚持环境保护制度是十分必要的。尤其是其中的环境影响评价制度,以防患于未然为宗旨,在美国国内有重要影响,并为世界各国所效仿。特别需要指出的是,美国环境影响评价制度的本意是在工程建设之前进行环境影响评价,并根据拟议工程的环境影响决定是否进行建设或者采用替代方案。如果已经决定进行工程建设而只将环境影响评价程序"走过场",那么该制度的作用将大打折扣。

(八)小结

相对于海洋渔业、港口业、近海油气业等美国主要海洋产业,海水利用产业的发展程度不高,影响也不够大,反映到立法上,表现为专门规范海水资源开发与保护的法律制度较少,但是相关法律制度较多。相对于其他沿海国家,美国在海水利用方面的立法起步较早,推动了海水利用技术和产业发展并取得了一定成就,在世界上居于先进行列。总结起来,美国海水资源开发与保护法律制度可以提供如下一些有益借鉴。

1. 坚持海水资源的国家所有权

海水资源作为公共物品,由国家作为人民的受托人享有所有权,对海水资源利用所获得收益,作为海水资源所有权人的国家理所应当享有必要的份额。国家作为海水资源所有权人和行政管理人的地位二重性,是构建海水资源利用收费的基础。根据国家此两种角色之不同,海水资源利用中的国家收费可分为两类:一类是国家作为海水资源所有权人让渡所有权或使用权而收取的"权利金"性质的费用;另一类国家作为资源开发的管理者而收取的行政管理性质的费用。当然,由于目前海水利用技术水平的限制,海水利用成本较高,出于扶持海水利用技术和产业发展的目的,国家在收费方面可以出台免收或少收的优惠政策,但这绝不意味着海水资源本身没有价值而理所应当地无偿利用。

2. 明确海水开发的行政主管部门及其职权，并建立相关机构之间的协调机制

在海水利用产业发展之处，首先亟须行政机关的扶持与引导。美国《咸水淡化法》明确了内政部在海水淡化方面的主管部门地位，并赋予其拨款、技术援助等职权。多年来在主管部门的推动下，美国海水淡化技术与产业才得以迅速发展。海水利用是一项复杂的事业，从纵向看，牵涉联邦、州、地方各级相关机构的职权；从横向看，牵涉联邦、州、地方同级各相关机构的职权。为了避免推诿扯皮或者矛盾冲突，建立各部门工作的协调机制，保持各部门在海水资源利用中行为的协调一致是至关重要的。为统一联邦和州有关部门的行动，立法中确立了“联邦一致规则”；为统一同级各部门的行动，立法又在多处规定了订立合作协议、会晤磋商等沟通协调机制。如此，有效减缓了政府各相关部门的冲突，可资为借鉴。

3. 从宏观的视角确立海水资源利用与保护规划

海水资源利用产业的发展需要科学规划，此已是不言而喻之共识。然而，海水资源利用规划的制定，不能简单的就事论事，而应放在海岸带管理这一宏观的视角下进行考察。海水利用大多位于海岸带之中，而海岸带的各种利用方式之间常具有竞争性和排他性。如果不放在海岸带管理的宏观视角下综合进行考虑，先海水资源利用规划，后制定海洋渔业资源利用规划，再制定海岸旅游资源利用规划，各种规划之间难免会有冲突。美国联邦政府推动各州制定海岸带管理规划，在这一总的规划之下为海水资源利用与保护规划的制定留下空间，这一整体性的思维值得借鉴。

4. 善于运用激励机制引导海水资源利用技术与产业的发展，尤其是财政激励机制

美国海水资源利用与保护立法中具有大量激励性质的规定，联邦通过财政激励推动各州制定相关规划；政府部门通过财政激励促进科

研机构进行海水利用技术研发。从实践情况看,激励机制的效果十分显著,取得一系列成就。这充分说明,为促进海水利用技术与产业的发展,国家的大量资金投入必不可少,但同时也应附加必要的限制,如规定国家资金与地方资金的配套比例,确立国家资金使用的记录与审计制度等。

5. 合理设置海水资源开发与保护相关行政许可

行政许可是一项重要的工具性法律制度,对于保障其他法律制度的落实,促进海水利用产业的规范发展有着不可或缺的作用。海水资源开发与保护相关行政许可的设置,既不能过多,也不能过少;过多则为海水利用产业发展造成制度阻碍,过少则不利用保障其他法律落实,维护海水利用产业规范发展。总的看来,海水资源开发与保护相关行政许可主要分为三类:第一类是自我规范型的行政许可,如安全饮水法的相关许可;第二类是协调不同海岸带利用方式之间的行政许可,如在海洋公园设置设施时由公园和休闲部颁发许可;第三类环境保护类行政许可,如 NPDES 许可。这些许可设置的类别可以提供一个有益的参考。

6. 在推动海水资源开发的同时重视环境保护

海水利用对近海海洋环境的影响是显著的,在美国存在资源开发优先还是环境保护优先的争论。尽管存在争论,美国在海水资源开发方面的行动没有停滞,但同时也给予了环境保护以相当程度的重视,如坚持环境影响评价制度、资助环境友好型海水淡化技术的研发。在社会越来越重视环境问题的大趋势下,在海水资源开发利用的同时严格贯彻环境保护制度,无疑是具有前瞻性和重要意义的。

美国海水资源开发与保护法律制度虽然具有可供借鉴之处,但也存在问题,其中饱受诟病的问题就是海水资源开发中行政管理的繁杂。内政部是美国自然资源开发的主管机关,海水资源作为自然资源之一种,在内政部的管辖范围内;商务部是美国海洋的管理机关,海水资源作为海洋资源之一种,在商务部的管辖范围内。对海水资源,内政部和商务部拥有重叠的管辖权,容易导致冲突。虽然已建立协调机制，但协调机制的运作也具有成本，由此带来行政的低效率。相对于建立协调机制而言，更为恰当的办法是重新配置海水资源开发的管理权，将其主要归于商务部的职权范围内，因为海洋资源开发与保护为海洋管理不可割裂的一环，由商务部统一进行管理更为科学。

在美国海水资源开发的实践中，始终存在着三种冲突：其一为不同政府部门在海水资源管理权方面的矛盾，尤其是联邦和州之间管理权的矛盾；其二为海水资源利用与其他海岸带利用方式之间的矛盾；其三为海水资源开发与环境保护之间的矛盾。这三种矛盾并非为美国海水资源开发实践所独有，而是在其他国家也普遍存在的。美国的立法为妥善解决这些冲突作出了一系列制度安排，如海水资源开发与保护行政主体制度主要解决不同政府部门之间管辖权的冲突，规划制度主要解决不同海岸带利用方式之间的冲突，环境保护制度主要解决海水资源开发同环境保护之间的冲突。这些法律制度一方面具有美国联邦制国家的特色，另一方面也体现出一定普适的借鉴价值。

中国的海水资源开发与保护立法，同样绕不开前述三种冲突，故可借鉴美国的相关制度，结合中国的具体国情，出台行之有效的各项法律制度，以期为海水资源的开发与保护提供坚实的法律保障。

二、欧洲

（一）欧盟

1.《欧盟水框架指令》概述

欧盟作为一个政治共同体，陆地边界2/3以上是海岸，40%的人口居住在沿海地区，海洋产业占欧盟GDP的40%，90%的贸易与商业活动依赖海洋。自欧盟成员国数量由25个增加到27个，地理范围也扩展到北至北海、波罗的海，西至大西洋，东南至地中海，并包含了部分黑海海域，同时，拥有22个沿海国家，海岸线总长度超过65 000千米。海洋对于欧盟具有十分重要的意义，因而欧盟对海水资源的开发、利用与保护也较为重视。

欧盟在海水资源的开发、利用与保护方面建立了比较完善的法律体系，并有一些列配套的相关政策作为补充。欧盟在1998年颁布实施了《欧盟饮用水指令》[①]，在2000年实施了重要的《欧盟水框架指令》(WFD)这是迄今为止欧盟在水的法律方面最为重要的一部指令，[②]它在整合更新欧盟现有的关于水的立法文件的基础上，对水的利用、管理、未来的发展目标等都作出了新的规定。水框架指令的规范范围涵盖了"地表水、地下水、内陆水、河流、湖泊、海水"等各个方面，标志着欧盟水资源综合管理时期的到来。

《欧盟水框架指令》作为欧盟水资源管理利用综合管理阶段的产物，是近些年来国际上在水资源领域一部很重要的法律，该指令以众多分散的水资源管理法规为基础，形成了较为统一的水资源利用与管理政策，在水资源使用方面为各成员国提供了一致的定义、原则、目标与方法。因此，对欧盟水资源的法律制度研究主要以《欧盟水框架指令》为中心。

《欧盟水框架指令》的总体目标是：减少污染，防止水生态系统(包括湿地)状况的恶化并改善其状况；促进水资源的可持续利用；减少有害物质造成的污染；逐步减少地下水污染；减少洪灾与旱灾的影响。《欧盟水框架指令》的关键目标是到2015年要使欧洲的所有水域达到良好状态。

成员国执行《欧盟水框架指令》大致可分为两个阶段：形式执行阶段和实际执行阶段。形式执行阶段是指在该指令规定的合理期限内，

---

① 指令(directives)是由欧洲议会、欧盟部长理事会和欧盟委员会做出的对特定成员国有拘束力的，并责成该特定成员国通过国内程序将其内容转换为国内立法，以履行其所承担的条约义务的立法性文件。指令仅对所应达到的具体目标予以规定，成员国通过该国相应的立法以实现指令规定的具体目标。至于成员国采用的达到指令要求的目标的具体方式、方法由各成员国决定。指令对各成员国均有法律约束力，但是成员国的有具体形式和方法的选择权。成员国需要通过国家立法将指令转换为国内法，并且相应地构成该国立法的一个部分 。

② Martin Griffiths, The European Water Framework Directive: An Approach to Integrated River Basin Management. European Water Management Online, p. 1.

成员国参照该指令执行或把该指令转化为本国国内环境立法实行；如果成员国在规定的合理期限内未将该指令转化为本国国内立法，该指令则直接在成员国本国强制执行。实际执行阶段是指该指令已经形成执行后，成员国还应确保真正达到指令所规定的环境目标。

《欧盟水框架指令》的核心是流域综合管理计划，它要求在 2002 年 12 月 22 日之前，成员国必须识别他们的流域（包括地下水、河口和一海里之内的海岸水），而且将其分派到流域管理区里。对于所有成员国流域管理区而言，必须每 6 年制订一次流域管理规划与行动计划。为了确保国家内部及国际合作，成员国必须做出适当的行政安排，其中包括确定权威管理机构。对于国际流域，流域内相关国家需要共同确定流域边界并分配管理任务。它们必须为国际流域管理规划共同努力。如果共同管理难以实现，各国可以分别采取措施，但彼此之间的规划与实施必须相互协调而不能冲突。

《欧盟水框架指令》文本内容包括：目的，定义，流域区内行政管理安排的协调，环境目标，流域区特征、人类活动对环境的影响的评估以及水资源利用的经济分析，保护区的登记注册，用于提供饮用水的水体，地表水、地下水状况以及保护区监测，水服务的成本收回，点源和面源污染的综合控制方法，采取的措施计划，成员国不能处理的问题，流域管理规划，公共信息与协商，报告制度，水污染防治策略，地下水预防和控制污染的战略，欧盟委员会报告，欧盟未来措施计划，指令的技术适应性，管理委员会，废止以及过渡性条款，处罚规定，执行等。除上述内容外，还包括了 11 个附件。分别阐述了水框架政策，水质标准、危险物质排放标准以及相关的监测标准，见图 4.1 所示。

《欧盟水框架指令》不同于传统的水法，它通过综合办法对流域进行水管理。执行该指令在保持良好的生态和保证饮用水和人类其他用水方面获得了很多成果。该指令为欧洲在 21 世纪的流域管理提供了平台。《欧盟水框架指令》致力于保护陆地水和海洋水。欧盟成员国在海洋水利用开发时，也应符合该指令中规定的各项制度及标准。欧盟近年制定的与海洋相关的指令也是结合《水框架指令》的经验制定的。

《欧盟水框架指令》在海洋水利用与管理方面发挥了重要作用，其

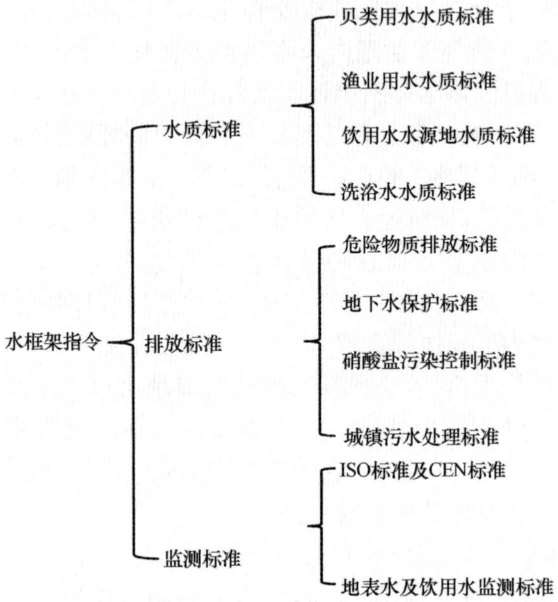

图 4.1　《欧盟水框架指令》标准

综合管理的指导思想、污染控制方法以及流域区管理都对海水资源的利用具有规范作用。

2. 水管理体制和机构

欧盟层面，为了保证《欧盟水框架指令》能在各成员国得到良好执行，欧盟专门成立了管理机构来配合欧盟《欧盟水框架指令》的实施，同时也制定了相关的政策以辅助欧盟《欧盟水框架指令》的实施。欧盟共同战略组编制了具体的指导性文件，明确指导细节，以便于指导各成员国在国内实施该指令的规定，为各成员国顺利执行欧盟《欧盟水框架指令》起到了巨大推动作用。

水管理者机构（Water Directors）是欧盟层面负责指导《欧盟水框架指令》的实施的管理机构，水管理者机构以轮执国水管理者（Water Director）及欧洲委员会任主席，各成员国水管理者为成员，其下设战略协调组（Strategic Coordination Group）开展指导工作。战略协调组依照该指令实施的不同需求，针对不同问题成立工作组（Working Group），这些工作组负责分阶段编制共同实施战略及其指导文件（Guidance Document）。各工作组之间紧密联系与协作，共同辅助欧洲委员会指导各成员国及相关机构实施《欧盟水框架指令》的有关要求。①

通常对水资源管理的方式是以行政区划作为依据，对水资源进行管理，即行政区划管理模式，但这种管理模式容易忽略不同种类水资源的自然属性，不利于水资源的利用。而《欧盟水框架指令》打破了传统水资源管理模式，采取了新的管理模式，即以水文单元和地貌作为依据，规定了流域等概念，以流域作为对水资源管理基础，更符合水资源自然特性，便于水资源管理和利用。

2000 年欧盟《欧盟水框架指令》生效后，成员国依照指令要求将该指令转化为其国内法，落实综合管理以及可持续发展思想，进而确定其领土内的流域区，在国内现有管理体制基础上完善水资源综合管理体制。

（1）水资源管理体制。

《欧盟水框架指令》在管理体制以可持续发展为核心，以流域区为基础，采取综合管理的模式，其成员国在水资源管理体制设立上，也体现了该指令的这一思想。

①英国。英国的水资源管理主要经历了两个阶段，以 1989 年《水法》的修订为标志，修订前 1973 年英国的水资源管理方式采用流域统一管理；《水法》修订后，水务国有化管理向私营化服务转变。目前，英国水资源管理已经基本形成了中央对水资源按流域统一管理和水务私有化相结合的管理体制。主要有三个主要特点：一是由国家层面的管理、监督机构统一制定并组织实施水资源管理的法律、规章、制度、政策等；二是以流域为基本单元建立主管机构监督水资源管理政策的实施；三是供水、排水、污水处理等水资源管理的具体事务由私营水务公司承担。

2009 年 11 月 12 日，英国王室正式批准《英国海洋法》，这一综合

---

① 梁虹："用循环经济理念创新水污染防治对策"，载《生产力研究》. 2004 年第 36 期，第 102 – 104 页。

性海洋法规的问世，使英国海洋管理事业翻开了新的一页，英国海洋工作将进入新的发展轨道。

英国是欧盟的重要成员国之一，水资源管理方面应当要服从欧盟的相关法律、政策，按照《欧盟水框架指令》的要求，在规定期限内完成《欧盟水框架指令》设定的目标。依照《欧盟水框架指令》的规定，以流域为单元建立主管机构管理水资源、监督《欧盟水框架指令》的实施，主管机构要制定统一的时间表，监督各项活动和成果，向政府和公众负责。政府相关部门和当地政府则根据时间表负责具体实施。

②荷兰。荷兰的水管理体制经过从中世纪到1800年的防洪阶段、1800年至1950年的排水和供水阶段、1950年至1985年的水质保护阶段，1985年综合水资源管理和可持续发展阶段四个阶段的发展完善，为荷兰的水资源综合利用和管理提供了良好的保障.水权的占有性在荷兰水管理中的效果并不明显，相反，水管理体制及其法律体系对水使用的公正性的保证才是最重要的。

(2)水资源管理主要机构及职责。

《欧盟水框架指令》对各成员国的水资源管理机构并没有做出具体规定，是由各成员国依照其国内法做出规定。

①英国。英国没有设立专门的水资源管理部门，各项管理职责由不同部门负责，这些负责部门包括政府部门也包括一些非政府公共机构，主要有环境、食品和农村事务部，环境署，水务局，饮用水监督局，水务公司，流域区联络委员会，海洋管理组织等。

环境、食品和农村事务部(Department for Environment, Food and Rural Affairs，简称DEFRA)是2001年6月原渔业农业部和环境部合并而成的新的政府部门。主要职能是统一管理环境、农村事务和食品生产。重点负责制定环境、食品管理等方面的方针和政策，参与欧盟相关政策的制定。在水资源管理方面，没有具体的职能，主要是在宏观上进行管理类，主要包含两个方面：一方面，代表英国在欧盟水政策制定和实施的安排上进行谈判，反映英国的利益要求和立场，建立法律机制执行包括《欧盟水框架指令》在内的欧盟水政策；并负责制定国内相关水政策法律，并在提交议会通过后负责实施；另一方面对水务监督管理机构进行宏观管理，负责制定监督管理机构的改革计划，并且对改革效果进行评估，适时调整改革方案。①

环境署（Environment Agency，简称 EA）是非政府的公共机构。直接向国会负责，前身是环境署。受环境、食品和农村事务部领导（在威尔士境内还需要对威尔士政府负责），主要职责是保护、改善环境并促进可持续发展。在涉水事务方面，环境署是英格兰和威尔士执行《欧盟水框架指令》及国内水资源管理政策的权威机构，主要职能包括：制定防洪政策；负责取水管理，监测河湖水量，审批发放取水许可证；负责监管排污、控制污染源，监测河湖水质，审批发放排污许可证；负责水环境保护，控制水域开发；负责制定水资源发展战略，组织编制各流域区的流域管理规划，并监督规划落实；指导和监督水务公司的工作等。

水务局（Water Services Regulation Authority）是非部长级的政府部门，直接向英国议会和威尔士议会政府负责，主要职责是代表政府对水价进行宏观调控，以保证水务公司以合理的价格为用户提供优质高效的供水及排污服务。具体职能包括：确定水务公司水价的定价原则，颁布水价费率标准；每 5 年一次对水价进行评估，对下一个 5 年期间的水价上限进行调整；审查水务公司的财务及投资状况；监管、评估水务公司的服务状况并定期公布评估结果等。②

饮用水监督局（Drinking Water Inspectorate，简称 DWI）成立于 1990 年，最初为英国政府环境主管部门的下属机构，由政府直接拨款，2003 年英国《水法》修订后，脱离 DEFRA 成为独立机构。饮用水监督局的职责是保护英格兰和威尔士的公共用水特别是饮用水安全。主要工作包括：代表政府制定饮用水的水质标准；监督、检测水务公司供应饮用水的数量和质量；处理消费者投诉，调查与水质相关的事故，对相关责任公司或责任人进行处罚等。

英格兰和威尔士的水务公司（Waterand Sewage Company）为纯企业性质的私营公司，是政府管理和保护水环境方面的主要合作伙伴，主要

---

① http://www.defra.gov.uk/corporate/ 2011 - 11 - 20.

② http://www.google.com.hk/url? sa = t&rct = j&q = water + services + regulation + authority&source = web&cd = 10&ved = 0CGoQFjAJ&url = http%3A%2F%2Fwww.hm - treasury.gov.uk%2Fd%2Fmainest08 _ 34 _ ofwat.pdf&ei = ndwrT5iDFoGXiQe8svm9Dg&usg = AFQjCNF92i4788ZdraBDIukMKOUGAh1CKA&cad = rjt ,2011 - 11 - 20.

负责向居民生活、工业生产、农业灌溉等用户提供供水、排水和污水处理服务。水务公司在获得政府取水、污水排放许可证的基础上。在政府分配的水权和指定的服务区域内,自主经营、自负盈亏。

英国根据其水文地理条件将全国划分为15个流域区(River Basin District,简称RBD),其中英格兰和威尔士划分了11个流域区。每个流域区均设立一个联络委员会(River Basin District Liaison Panel),由来自政府、行业、环境组织以及其他利益相关团体的代表组成,具有广泛的代表性,特别是当一个流域区跨不同区域时,不同区域在该联络委员会中具有同等的代表。委员会主要负责对《流域管理规划》的内容、措施及合作机制等进行讨论和协商,对规划制定过程的合规性进行检查。并对规划实施效果进行跟踪监督。

《英国海洋法》就英国海洋管理组织的设置、性质与职能等做了明确规定。依据该法,英国政府将成立全面负责海洋管理工作的英国海洋管理组织(Marine Management Organization),以实现可持续发展等海洋领域的诸多目标。该组织将采用综合、统一和连贯的管理方法,减少管理层次,提高管理效率,促进信息资源共享,实现科学化、规模化与现代化的海洋管理。其职能是:组织编制海洋规划与海洋计划;审批海洋使用许可证;负责海洋自然保护;海洋执法;海洋渔业管理;海洋应急事件处理;海洋可持续发展问题咨询与建议。①

②荷兰。荷兰的水管理与英国不同,管理工作主要是由官方完成,随着公众管理体制的演变,水管理在荷兰已变成了地方集权式的管理,这种权力来自上一级政府的授权。这种方式一方面可以充分考虑各地区的利益和面临的主要问题,也可以对中央政府的行为进行有效的监督。荷兰的水管理体制分为三级,最高级为国家级即中央政府,其次为区域一级包括省政府、水董事会,饮用水公司。然后是地方一级,主要是市政府和较低一级的水董事会。

水董事会是一个具有特殊功能的、非政府的、公共的、经济独立的水管理机构。水董事会被认为是荷兰最古老的民主机构,最早出现在

---

① 李景光:"英国海洋事业的新篇章——谈2009《英国海洋法》",http://kjxxweb.hebgt.gov.cn/index.do? id=1831&templet=content&cid=85 2011-11-25。

中世纪一些地势低洼的区域。由于特殊的地理和自然条件，当时很多民间团体几乎都处理当地与水有关的问题，但是由于很多水事务例如堤防修筑和排水系统不是一个团体能够完成的。于是一些与水有关的团体就自发合并在一起，共同处理本地区的水事务，第一个水董事会就是这样产生的。1992 年荷兰政府颁发了水董事会法，明确了水董事会的组成、管理机制、权限以及与地方政府和中央政府的关系等。一般而言，水董事会可以根据实际情自行颁布水管理条例，但某些决定是需要得到省政府的同意的，有时某些已经水董事会决定的事项也会因为省政府的命令延缓实施或被取消。在国家一级，有两个部门涉及水管理，其中交通、公共事务和水管理部是荷兰水管理最重要的机构，主要负责荷兰综合的水法规和政策的制定（包括大江大河、主要运河、河口、领海及防洪、防潮大坝、大堤等），以及对国有的水域和水资源进行规划和管理. 另外一个部门是房屋，自然规划与环境部负责荷兰的总体环境政策的制定、规划与协调，主要是有关大气、土壤、废水、固体废弃物、噪声、辐射等的法规及其环境影响评价，负责饮用水、排污和土地规划。较低一级的水董事会只负责城市的水量管理。

省政府主要负责非国有水资源的管理。在区域层面上，省政府是水管理的主体，制定省的水管理计划和战略规划，主要负责地下水和区域内的地表水水质的管理。绝大多数省的地表水水质授权给水董事会管理，省政府对其进行监督。地方市政府主要管理城市排水系统，并将收集到的污废水送到水董事会管理的污水处理厂进行处理。

饮用水公司负责饮用水的供给，这些公司属于私人所有，但公共机构占有股份. 这些公司联合组成荷兰水事务协会。

3. 水资源政策

从《欧盟水框架指令》的具体内容和相关附件来看，水资源政策包含了水资源管理、水环境保护以及协商和利益相关者参与等内涵。

(1)水资源管理政策。

①取水。由于各成员国水务管理各不相同，《欧盟水框架指令》并没有对取水的具体制度进行明确。例如，英国取水许可由环境署负责实施。取水许可过程遵循以下原则：一是环境用水优先，取水后

剩余河川径流量必须大于生态基流量，否则不予批准取水或削减取水许可量，以保证河流生态系统不受损害。二是先到先得原则，对超过生态基流的流量，根据用水户提出取水许可申请的时间顺序依次进行审批，直至将可以利用的水量分配完毕后，不再审批新的取水许可申请；当河川径流不能满足已经批准的全部取水许可的用水需求时，首先限制后取得许可的用水需求。三是水务公司需求优先，在先到先得原则基础上，尽量先满足水务公司的用水需求。英国 2003 年《水法》规定，日取水量大于 20 立方米均需进行取水许可申请并经审批同意后才能进行。取水许可申请及审批的内容包括取水水源、取水用途、最大取水量以及计量措施等。法国的城市水务管理与英国的水务管理不同，并没有全面实行私有化，将城市水务资产所有权转让给私营企业，而是实行有计划的委托管理，只是将经营权“租让”或“特许”给私营企业。

②水价。[①]《欧盟水框架指令》第 9 条对“水服务的成本收回”做出了规定，其附件三也涉及“经济分析”。其核心是收回包括环境成本和资源成本在内的水服务的成本收回，进行“经济分析”的基础是“谁污染谁付费原则”。

在英国，环境署对取水许可的水资源进行收费，主要用于弥补环境署的办公费用及改善环境的费用支出。费用征收标准与用水季节、输水损失率、水源类型等因素有关，不同情形征收标准相差很大。水务公司综合考虑供水成本、收益、供需平衡、环境要求等方面因素来制定向居民供水的价格，水务公司向环境署申请取水许可同样需要缴费，这部分费用也纳入水务公司的供水成本。

在法国的“租让”模式中，由于水价是由政府决定，居民有较强的安全感，但基础设施的改造或建设还得由市政承担，融资范围受到限制。“特许”模式可以激励经营者的投资热情，使经营者能有较长远的打算，但政府需要加强对经营者的监管，保护居民利益。

---

① 矫勇，陈明忠，石波，孙平生：《英国法国水资源管理制度的考察》，载于《中国水利》2001 年第 3 期。

(2)水环境保护政策。

在水环境保护方面,各成员国有着不同水环境保护法令,要想在各成员国实现《欧盟水框架指令》中的良好水状况,其难度可想而知。因此,大量细致具体的工作是必需的,标准化,规范化是必不可少的环节。

《城市污水治理指令》、《游泳水质指令》、《硝酸盐指令》、《地下水指令》、《淡水鱼类和贝类指令》等规定了大量标准化的规范,各成员国应当执行欧盟颁布的这一系列相关法律的规定,实行严格的水污染防治与水环境保护政策,如控制农业生产中的氮肥施用量、限制清洁剂中的磷酸盐含量等。尤其 2000 年《水框架指令》生效后,各成员国水环境保护进入更加全面、综合的阶段。目前,要达到的关键性指标包括两个:防止水资源状况恶化,《水框架指令》中所涉及的水体 2015 年实现"良好"标准。"良好"状态由化学、生物、可饮用性等一整套指标评估。对水质主要从生态状态及化学状态两方面进行评价。其中生态状态包括物理化学、生命元素、特定污染物、水形态等 4 个指标,各指标分优、良、中、差、坏 5 个等级;化学状态主要评价能够造成水环境重大危险的首要物质浓度,分良好与较差两个级别。实施最严格的水质评价与控制体系,只有所有指标均达标后,水体质量才算是达标。就成员国实施情况来看,英国 2009 年评价的地表水体中,78% 的水体化学状态评价为良,27% 的水体生态状况评价为良,最终总的评价结果是只有 27% 的水体达标。

《欧盟水框架指令》设定的水体质量目标也适用于沿岸海域的水体标准。欧盟框架下涉及海水措施包括:1970 年《普通渔业政策》、1992 年《栖息地指令》、1998 年《生物多样性战略》、2001 年《战略性环境评估》、2000 年《水框架指令》、2007 年《综合海事政策》以及 2008 年《海洋战略框架指令》,就该方面成员国国内立法情况来看,某些成员国国家立法较欧盟措施更为严苛,对于海水环境保护国家立法具有举足轻重的作用。

《欧盟水框架指令》对地表水、地下水、湖泊以及河流水质标准和环境质量标准做出了明确规定,同时对过渡性水域和沿岸海域的水质标准和环境标准做出了规定。过渡性水域以及沿岸海域水质和环境状况受其点源污染(如工业、污水)、面源污染(包括农业、城镇土地利用开发)对其自身物理、化学状况和生态状况影响外,还受到沉积物和自然输入淡水(如河流等流入水体物理、化学状况和生态状况)的影响,而河流等淡水本身,也会受到点源污染和面源污染的对河流物理、化学状况产生不利影响。因此,在某种程度上,河流等水体的流域决策对过渡性水域以及沿岸海域良好水质和环境有影响作用。这正是《水框架指令》综合性管理的集中体现。另一方面,《水框架指令》也规定了周密的基本措施计划及补充措施,以保证在2015年实现"良好"水状况的环境目标。

4. 欧盟水框架指令的主要启示

(1)鼓励支持公众参与。

公众参与在实施欧盟水框架指令当中扮演着重要角色。欧盟水框架指令的不少条款都提到公众参与。比如在其附录7的第A9条规定需要收集整理公众意见并认真对待;第14条规定要给公众提供相关的背景信息;前言中提出为了实现欧盟水框架指令目标,可以采取法律尚未规定的其他公众参与形式,等等。欧盟主要水资源保护指令如表4.9所示。

表4.9 欧盟主要水资源保护指令①

类型	名称	编号
水框架指令	水框架指令	2000/80/EC
水质量指令	游泳水质量标准指令	76/160/EEC
	饮用水质量标准指令	98/83/EC
	饮用水源地地表水指令	79/869/EEC
	渔业淡水指令	78/659/EEC
	贝类养殖水质标准指令	79/923/EEC

① 胡必彬,杨志峰:"欧盟水环境政策研究",载《中国给水排水》2004年20期,第31-35页。

续表

类型	名称	编号
特殊污染物控制指令	危险物质指令	76/464/EEC
	氯碱电解工业汞排放限值指令	82/176/EEC
	镉排放限值指令	83/513/EEC
	六六六排放限值指令	84/49/EEC
	特殊危险物质排放限值指令	90/415/EEC
	保护地下水免受特殊危险物污染指令	91/692/EEC
污染源控制与治理指令	农业面源硝酸盐污染控制指令	91/676/EEC
	综合污染预防与控制(IPPC)指令	96/61/EC
	城镇污水处理厂污水处理指令	91/271/EEC
	杀虫剂控制指令	91/414/EEC
其他相关指令	环境影响评价指令	97/11/EC
	某些工业活动的主要事故风险指令	82/501/EEC
	获取环境信息自由指令	90/313/EEC

公众参与不仅在水资源管理领域重要,在支持水资源管理的基础研究中也同样重要。事实上,管理与研究两者并不能完全分开。在研究当中,已经制定了很多政策措施,需要决定对其如何取舍。另外,研究工作通常要加以解释,而这些解释往往会不自觉地受到已有政策偏好的影响。让公众参与研究不仅对公众产生了影响,而且扩充了社会知识。对于研究人员而言,对当地环境状况的认识,公众是一个无价的信息源。研究人员需要解决公众关心的问题,给公众提供信息,使其能有效地参与决策。另外,他们还对公众有效地参与决策的能力的培养发挥着重要作用,为流域的可持续管理作出贡献。

公众参与并不是欧盟水框架指令的首创。在很多国家,都有不同形式的公众参与的悠久传统。我国构建资源节约型和环境友好型社会的水法规体系也必须重视公众参与制度。公众参与水资源保护有以下几点优势:第一,信息渠道更畅通和决策更有创造力;第二,决策得到更多的公众支持和更好的贯彻实施;第三,政府更加开明;第四,更加民主;第五,增强公众的水资源意识。当然,应当对公众的参与进行有效的组织。否则,公众的反映将是片面的,不具有代表性,或者受误导、受利益集团胁迫。而且,如果没有履行关于公众参与的承诺,或者公众的意见没有得到认真考虑,就可能导致公众失望,降低对政府的信任度,削弱公众的接受能力、增大执行难度和减少社会的知识。

(2)打破属地界限,建立完备的流域管理法律体系和流域管理机构。

欧盟国家从2000年12月实施了欧盟水框架指令,这标志着欧盟各国从此有了一个统一的水资源管理法律文件。该指令为改善欧洲水源状况制定了非常详尽的时间表,规定启动9年后,所有的改善计划都要得到实施,并在启动13年后实施完毕。水框架指令规定河流从源头到入海口是一个整体流域系统,局部河段与整个流域是紧密相关的;所有河流改善计划的细节都要公布,让民众发表各自的看法;所有国家都要定期向欧盟报告工作进展;制定了非常严格的惩罚条例,对无法完成指令的国家进行处罚。欧盟水框架指令启动以来,尽管欧盟各国在水资源管理和保护领域面临着巨大的困难和挑战,各国的进展不一,但由于有详尽的时间表和可操作的实施方案,加上有严格的监督措施,欧盟各国在水资源管理和保护领域还是取得了举世瞩目的成就。

我国目前的水资源管理各地虽然做了大量的工作,但由于没有整个流域管理的法律体系和机构,各个地区只注重本行政区域内的水资源状况以及水资源的利用,缺乏整体意识,使得水资源不能得到整体保护。

(3)收集和处理污水,确保资源节约。

目前我国有些地区"雨水遍地流,污水随意走"。而欧盟国家把雨水和污水严格按就地处理的原则进行收集处理,不允许随意向外地排放。

《欧盟水框架指令》明确了企业排放污水的各类有害物质的排放指标;企业根据这些排放指标自行对污水进行处理,污水处理厂不再对企业的污水进行特定的处理;污水处理厂要对各企业污水排放情况进行定期检查。对于故意超标排污的,当事人将面临刑事诉讼,其本人及企业的社会形象将受到严重影响。

水资源的可持续管理是水资源持续利用及保护的必要途径。结合我国实际，借鉴欧盟国家在水资源管理领域的一些先进经验和做法，进一步做好水资源可持续管理，这对我国水资源的可持续发展有重要意义。

（二）西班牙

西班牙是发展海水淡化比较早的国家。早在20世纪60年代，西班牙就建立了第一座海水淡化工厂，并在1964年开始投产。此后，西班牙的海水淡化工厂一直呈现快速增长的趋势，特别是在地中海沿岸地区。在2000年，西班牙的海水淡化能力接近120万立方米/日，有750家海水淡化工厂。2005年，海水淡化能力已经达到150万立方米/日，全国有将近950家海水淡化工厂。①

西班牙的海水淡化工厂绝大部分是私人主体建立的。工厂的海水淡化能力比较低。从一份《2009年6月西班牙国家水资源计划（PHN）海水淡化工程》的统计表格我们可以看出，统计的共28家海水淡化工厂中，日淡化能力低于10万立方米的有22家，占78.6%，即便是淡化能力最高的一家在建工厂，每天也只能淡化出32万立方米淡水。②

海洋环境监测方面，海水淡化工厂将大量的盐水排进地中海，以及工厂的其他活动对海洋环境造成负面影响，需要对海洋环境进行监测。为此，西班牙的政府部门要求实施一个有关海洋环境监测的方案，使得海水淡化工厂的建造方受到以下方面的质量控制。③

控制1：对作为淡化源的海水和咸水进行质量控制；

控制2：对排泄区（dischargezone）周围环境的质量控制；

控制3：对接受海水体（receivingseawaterbodies）的质量控制；

控制4：对受保护的海洋生态环境的质量控制。

---

① See P. Palomar，I. J. Losada，Desalination in Spain：Recent developments and recommendations. Desalination 255（2010），p. 97.

② Ibid，p. 98.

③ Ibid，p. 101.

(三)马耳他

马耳他缺少河流,地下水主要来自于在境内挖掘的95口深井和在Gozo挖掘的43口深井。马耳他面临着严重的缺水状况,特别是在夏季,农业和旅游业都需要大量的淡水。为解决淡水供需的巨大矛盾,马耳他很早之前就已经启动了海水淡化的工程。

马耳他内现有3个海水淡化工厂在运行:Lapsi、Cirkewwa和Pembroke。这3个工厂全部由马耳他海水淡化服务公司(MDS)经营。

马耳他政府设立淡水服务公司(WSC),这是一个政府所有的独立实体,负责对全国人口供应淡水。1997年设立的马耳他海水淡化服务公司(MDS),是WSC的附属公司,负责海水淡化工厂的设计、建造、运作和维持。①

在私人主体的参与方面,政府允许私人主体建设海水淡化工厂,竣工之后,政府与建造这些工厂的公司订立管理合同。这些合同有效期从1982年起为15年。合同到期后,政府认为当地的雇员已经学到足够的水工运作方面的知识,由他们自己管理水厂将更有效率,政府为此设立了一个公司。到目前为止,在马耳他的海水淡化市场中还没有私人主体的参与。②

三、亚洲

(一)日本

日本国内民生用水大约为141 312立方米/日,其中以海水为原水的为99 767立方米/日;工业用水78 106立方米/日,其中以海水为原水的约为36 500立方米/日。现在日本最大规模的淡水化设施是2005年5月开始的中道奈海水淡水化中心。之前曾在1996年2月建设冲

① Ibid, p.5.

② Ibid, p.6.

绳岛企业局海水淡化中心，日淡化能力4万立方米。①

日本议员曾在20世纪70年代向参议院提出一个海水淡化的立法草案，虽然最终没有成为法律，但草案内容对今天的中国还是有一定的参考意义。

草案共分四章，分别为总则、海水淡化的基本计划、海水淡化审议会、海水淡化事业团。最后为附则。草案比较有参考价值的有以下内容。

明确了政府在海水淡化中的七项职责：推进海水淡化所必需的设备的开发以及研究、推进海水淡化设备的利用、推进海水淡化装备开发的研究机构的整备、确保从事海水淡化业务的研究者和技术者的工作条件、推进有关海水淡化的情报流通、推进海水淡化技术的国际交流、其他有关海水淡化的事项。

草案还规定，政府要拟定海水淡化的具体计划，计划应包括水的预计需求量以及海水淡化的供给目标、开发海水淡化装置的目标、有关设置海水淡化的事项、其他有关海水淡化的重要事项。计划应听取地方及海水淡化审议会的意见，并应及时公开计划内容。

政府设立海水淡化审议会，作为首相府的附属机关，负责审议海水淡化计划的具体工作，并给总理提出具体的意见和建议。设立海水淡化事业团，这是一个为了开展海水淡化装置的开发、研究等有关工作而设置的法人。

日本的这项提案试图将有关海水淡化的事项上升为国家的法律，通过国家与社会各主体的共同参与以促进海水淡化的发展，并明确政府与民间团体在海水淡化中的具体职责。这些内容对我国海水淡化立法具有一定的借鉴意义。

（二）阿联酋

阿联酋年人均水资源量不足900立方米，是全球水资源最为匮乏的国家之一。海水淡化成为阿联酋淡水的重要来源。阿联酋目前共拥有海水淡化厂（站）30座，年生产能力达3亿立方米，可满足全国98%

---

① See http://www.spc.jst.go.jp/hottopics/0907water/r0907_hirai.html.

的家庭和工业用水，在海水淡化方面仅次于沙特阿拉伯而居世界第二。①

而作为全国经济发展最快的地区，迪拜酋长国的水资源供需缺口呈明显扩大趋势。据统计，迪拜年用水量已超过自身可再生自然水资源量的26倍。鉴于此，迪拜政府近年来大力发展海水淡化产业作为居民生活用水和工业生产用水的主要来源，加大了对海水淡化项目的金融投资与政策扶持力度。

一是在海水淡化工程项目建设过程中，积极鼓励外国公司在本地投资建设水电联合企业，对合资水电企业进口的相关发电设施和供水设备只征收4%的低额关税，并保障外国企业可拥有40%的股权。

二是建立新的水价体系。鉴于本地热蒸馏脱盐海水淡化成本每吨高达1.4美元，为了缓解供水量急剧增长造成的财政压力，迪拜水电局已着手根据消费需求重新构建水资源价格体系，推行阶梯式商业化水价，新的水价体系将淡化“福利”色彩，采用接近实际生产成本的销售价格，并规定居民日常生活用水的最高限额，对超出部分采取高额计价。②

（三）沙特阿拉伯

沙特阿拉伯一半以上国土被沙漠覆盖，气候炎热干燥，水资源极度匮乏，然而沙特的海水淡化产量居世界第一。沙特阿拉伯大规模进行海水淡化始于20世纪60年代，沙特阿拉伯制订计划在沿海地区建立海水淡化厂，利用多级闪蒸法，在淡化的同时以蒸汽带动涡轮机发电，以降低高昂的能耗成本。此外，沙特还积极寻找着海水淡化的替代能源和新技术，如沙特公布的一项与IBM合作的研究发展计划，利用太阳能和纳米技术来淡化海水，有望将能源成本降低40%。③ 目前沙特拥有淡化水输送管道4 157千米，泵站29座。2010年，沙特财政用于

① 参见“阿联酋在海水淡化方面居世界第二”，http://news.qq.com/a/20100120/002570.htm，2010年1月16日访问。

② 参见“迪拜大力发展海水淡化产业”，http://finance.sina.com.cnroll20070119/10131167157.shtml，2010年1月16日访问。

③ 参见http://www.jingji.com.cn/dyml.asp? ProductID = 1794。

海水淡化的拨款为134亿里亚尔(约合35亿美元),比2009年增加44%。①

沙特政府在部级下设立海水淡化公司(Saline Water Conversion Corporation,以下简称SWCC),负责经营全国30家国有的海水淡化工厂和抽水站、水库,以及将淡水从工厂输往主要的消费中心的2 300英里长的管道工作。SWCC不是按照商业模式运营的公司,而是政府的一个分支机构。在2008年,沙特政府宣布计划将SWCC私有化为一个控股公司。②

自2000年起,沙特就开始吸引私人主体参与建立、投资和运营新的海水淡化公司。其中的一个显著例子是Shoaiba III Independent Water and Power Prdoducer(IWPP),这是沙特最大的海水淡化公司,年产出1.5亿立方米淡水,2005年建成,投资10.06亿美元。目前已成立的一家公司Water and Energy Corporation(WEC)将从IWPP购买淡水,政府将监控这两家公司的资金来往。③

(四)塞浦路斯

塞浦路斯的淡水供应主要来源于地下水,但是对地下水的过度开采导致沿海地区地下含水层的水质恶化,出现盐水入侵,破坏了宝贵的地下水资源。对地下水的过度抽取引起内陆地下含水层的损耗,导致硼含量的增加。密集的农业灌溉和过度施肥使得硝酸盐含量增加,沿海地区尤为严重。为此,塞浦路斯采取海水淡化工程,作为解决这些问题的一种途径。

自1970年来,塞浦路斯已在18个不同的地方建立了37个海水淡化点。海水淡化第一次被大规模地引进塞浦路斯是在1997年,当年RO Dhekelia工厂以20 000立方米/日的产出量投入运营,不久提高到40 000立方米/日。1999年另一家日产40 000立方米/日的海水淡化

① 参见http://www.caijing.com.cn/2010-11-08/110561943.html。

② 参见http://en.wikipedia.orgwikiWater_supply_and_sanitation_in_Saudi_Arabia。

③ 参见http://en.wikipedia.orgwikiWater_supply_and_sanitation_in_Saudi_Arabia。

工厂在 Larnace 运行。①

这两大海水淡化工厂的运行是完全建立在商业基础上的，淡化后的海水销售给政府。

1986 年在公共事务部（Public Works Department）下建立了水源发展部（WDD）。WDD 负责水库中淡水的收集和储存等事项，同时负责从海水淡化工厂中取得淡水。WDD 确保输入的淡水是按照约定的数量、淡水质量也有保证。

在私人主体的市场参与方面，塞浦路斯的两大水厂是在 BOT 的合同模式下运营的，合同有效期 10 年。一旦合同有效期届至，政府很可能会提出管理合同，最初 BOT 合同的经营者可能会继续履行那些管理合同。②

（五）以色列

以色列位于亚洲西部，是亚、非、欧三大洲的结合处。以色列的气候为地中海气候，夏季漫长、少雨，有雨的冬季则较为短暂。每年 6～9 月基本是无雨的季节。以色列平均每年有 17 亿立方米传统淡水资源和略咸的水可供使用，其中 11 亿立方米来自地下和泉水，另外 6 亿则是地表水。此外，还有 3 亿立方米再生水可供使用。但是以色列的水资源分布不均衡，其中 80% 分布于北方，南方只有 20% 。③ 但是，以色列的水资源安全受到了河水权利冲突和干旱的威胁。位于西岸山地下蓄水层的几亿立方米地下水在以色列和巴勒斯坦人之间存在争议。约旦河的地表水也与叙利亚、黎巴嫩和巴勒斯坦间存在着争议。④ 同时，以色列也面临着严重的干旱问题，地中海气候使得漫长的夏季通常是无雨季节，而以色列国土面积的一半则为沙漠覆盖，这更加剧了以色列水资源供需之间的矛盾。

---

① Ibid, p7.

② Ibid, p.7.

③ 参见 http://en.wikipedia.orgwikiWater_supply_and_sanitation_in_Israel#Conventional_water_resources。

④ 参见 http://en.wikipedia.orgwikiWater_supply_and_sanitation_in_Israel#Conventional_water_resources。

为解决水资源供需不平衡的问题,以色列采取了多种措施。如中水回用、截流和人工回灌、人工降雨和海水淡化。① 以色列海水淡化的历史,可以追溯到1997年。那一年,第一个反渗透海水淡化工厂在以色列埃拉特(Eilat)建立。2002年,受干旱影响,政府批准在地中海沿岸建设一些大型海水淡化工厂。这些装置到2010年将每年供应3.05亿立方米淡水,到2015年,每年将供应5亿立方米。2008年中期,其中两个年供应量达1.3亿立方米淡水的新工厂已在运作。② 关于以色列已建和在建的海水淡化工厂参见表4.10与表4.11。

表4.10 以色列已有的海水淡化设施③

地点	建成时间	淡化能力(百万立方米/年)	水价(每立方米)
Ashkelon	2005年8月	111(2008年)	2.6NIS (以色列货币,新谢克尔)
Hadera	2009年12月	127	2.6NIS
Palmachim	2007年5月	45	2.9NIS

表4.11 以色列在建海水淡化设施④

地点	预计建成时间	淡化能力(百万立方米/年)	水价(每立方米)
Ashdod	2012	100(可扩展至150)	2.55NIS
Soreq	2013	150(可扩展至300)	2.01219NIS

以色列所有的海水淡化项目都是通过国际供应商的参与由私人主

① 周刚炎:《以色列水资源管理实践及启示》,载《水利水电快报》2007年3月第28卷第5期,第9页。

② 参见 http://en.wikipedia.org/wiki/Water_supply_and_sanitation_in_Israel#cite_note-emwis-il.org-24。

③ 参见 http://ppp.mof.gov.il/Mof/PPP/MofPPPTopNavEnglish/MofPPPProjectsEnglish/,转引自 http://en.wikipedia.org/wiki/Water_supply_and_sanitation_in_Israel#cite_note-emwis-il.org-24。

④ 参见 http://en.wikipedia.org/wiki/Water_supply_and_sanitation_in_Israel#cite_note-emwis-il.org-24。

体执行实施的。[①] 如Hadera地区投资15亿新谢克尔(约3.75亿美元)的工厂就是由外国银行主导建立的,其中欧洲投资银行(EIB)占50%,法国Calyon公司和投资银行占25%,葡萄牙的一家投资银行Banco Espirito Santo(BES)占25%。[②]

在以色列的水资源管理方面,国家基础设施部的部长是对议会负责的内阁成员,负责水资源管理,提出国家水资源政策的议案供内阁批准,同时负责执行。由于以色列水资源的管理、保护和分配的某些工作也是其他部门的职责范围,因此一些权力的行使需要他们的同意,如农业部、环境保护部、卫生部、财政部等。2006年以色列《水法》修订后,以色列新成立了一个政府水资源和排水设备委员会,这是一个不同部门间的协调机构,由委员会主席负责,财政部、国家基础设施部、环境保护部等部门的高级代表组成。与水资源有关的职能已基本由这个委员会负责承担。[③]

(六)新加坡

新加坡现有人口约440万,每天用水量约136万立方米。新加坡由于海拔低,无良好含水层,土地面积小,河流短促,水资源调蓄能力较差,天然淡水资源十分有限,加之人口密度大,人均水资源量仅为211立方米,居世界倒数第二位。新加坡四面环海,在海水利用方面有着得天独厚的优势,面对水资源危机,新加坡也和其他滨海国家一样,积极研发海水利用技术。通过淡化海水来增加和扩大海水供应,已成为新加坡水源供应管理的重要组成部分。

新加坡公用事业局是新加坡水资源主管机构。在公用事业局的主持下,2005年9月新加坡大士新泉海水淡化厂建成并开始启用。大士新泉海水淡化厂是新加坡兴建的第一座国家级海水淡化厂,也是新加

① 参见http://en.wikipedia.org/wiki/Water_supply_and_sanitation_in_Israel#cite_note-emwis-il.org-24。

② 参见http://en.wikipedia.org/wiki/Water_supply_and_sanitation_in_Israel#cite_note-emwis-il.org-24。

③ 参见http://en.wikipedia.org/wiki/Water_supply_and_sanitation_in_Israel#cite_note-emwis-il.org-24。

坡公用事业局第一项与私人企业合作的项目，是一座私人企业设计、兴建、拥有和投入生产的海水淡化厂。新泉海水淡化厂所生产的淡水被输送到新加坡公用事业局所拥有的水库，进行处理后送往用户，以供饮用。

新加坡公用事业局表示，新泉海水淡化厂所生产的淡水安全可靠，并且符合世界卫生组织与公用事业局的食用水安全水平。新泉海水淡化厂总投资为2亿新元(约合1.2亿美元)，占地6公顷。该厂采用反渗透法淡化海水，每天可生产13.6万立方米的淡化水，是全世界规模最大的膜法海水淡化厂之一。该厂在建设和运营中十分注意成本控制，在第一年的运作中，淡化海水的成本是0.78新元/立方米，而当时新加坡的水价为1.1新元/立方米。据此推算，该厂第一年的盈利就可达2 000万新元。如今海水淡化在新加坡成了利润丰厚的朝阳产业。新泉海水淡化厂每天生产的淡水，能够满足新加坡10%需求，在增加和扩大新加坡国家可供使用的水资源方面占了重要部分，被新加坡政府称为第四个水喉。①

四、非洲

(一)阿尔及利亚

阿尔及利亚位于非洲北部，面积238.17万平方千米，人口2 707万(1992年)，沙漠面积占国土面积的85%，全年雨量少，淡水资源缺乏。

阿尔及利亚的水利资源部负责全国的水资源管理，包括市政供水。部门下设的Algerien nedes Eau(ADE)负责对公众的淡水供应。

在海水淡化领域，阿尔及利亚在20世纪60年代开始投资海水淡化工厂，水利资源部已经建立或正在建立的小型海水淡化工厂有21个。这些工厂的淡化能力低于5 000立方米/日，全部淡化能力低于50 000立方米/日。这些工厂在地中海沿岸、中部、西部均有分布。

---

① 屈强，张雨山，王静，赵楠：《新加坡水资源开发与海水利用技术》，载于《海洋开发与管理》2008年第8期。

私人主体的市场参与也正在由政府计划推动，这个计划旨在建立数量庞大的海水淡化工厂，其中的一些将采取 BOT 的运作模式。然而，尽管阿尔及利亚对 BOT 的运作模式开放，这些工厂也可以被国际资金（例如世界银行）或者阿尔及利亚政府预算资助。

（二）突尼斯

突尼斯位于非洲大陆最北端，北部和东部毗邻地中海。全年降水量随季节和区域而发生重大变化，境内主要河流为迈杰尔达河。在1996 年全国供水 2 647 亿立方米，需水 2 517 亿立方米，供应略有节余。但随着经济的发展，农业、工业和旅游业等用水量不断增加，突尼斯也必须采取措施来应对很可能出现的供水不足的问题。发展海水淡化产业成为一个选择。

由于达到质量要求的淡水资源的供应不足，在突尼斯已经建立起了大约 48 个淡化工厂，这些工厂的产出能力总计达到 130 000 立方米/日。

表 4.12 1970 年以来突尼斯的海水淡化工厂①

发展进程（工厂名）	淡化能力（立方米/日）	总淡化能力（立方米/日）	工厂数量（%）	平均淡化能力（立方米/日）
EDR	15 607	19.4	22	709
VC	4 820	6.0	8	603
MSForME	697	8	3	232
ROnotSonede	8 865	11.1	11	806
ROSonede	50 500	62.7	4	12 625
总计	80 489	100	48	

与海水淡化有关的事项都主要围绕着国有的水公司 Sonede 而展开。Sonede 与许多大学和研究机构在与海水淡化有关的金融、经济、

① *Seawater and Brackish Water Desalination in the Middle East*, North Africa and Central Asia, Annex 2, p.15.

技术领域都有合作。突尼斯境内也有许多从事海水淡化研究的大学和机构。EcoleNationaled'IngénieursdeTunis 大学甚至试图要开设一个海水淡化的学位。①

自 1987 年以来,突尼斯在私有化纲领下开始对国有企业进行私有化改造,但是淡水仍然全部由政府供应。为促进私有主体在非传统水资源领域的参与,突尼斯采取了以下措施:①通过对《水法》(全国性的关于水的法律)的一项修正案。其中第 116 条允许私人主体生产和分配水,只要满足以下条件:水是用于工业或旅游业;只要水来源于非传统水,比如海水淡化。②与此配套的还有一项财政激励计划,旨在促进工业和旅游业中非传统水的发展。②

在私有化过程突尼斯也面临着一些问题,如职工失业、职工需要再教育以能够胜任私有主体中的工作、对乡村地区供水的计划需要大量的投资等。③ 正在筹建中位于 Jerba 的海水淡化工厂(15 000 立方米/日)将是突尼斯第一个私人投资的水厂项目。人们设想这个项目能在 BOT 的模式下管理,欧洲委员会也通技术和财政研究对此项目给予帮助。④

五、小结

通过以上对国外海水利用,尤其是海水淡化法律制度以及实践情况进行梳理,至少可以得出以下结论:

第一,对于水资源比较缺乏的国家,大都将海水淡化作为本国淡水一项重要来源。海水淡化产业也在这些国家有了迅速的发展。这些国家在发展海水资源利用产业时,注重进行相关制度建设,以制度保障海水资源产业的快速、健康发展,可谓"海水利用,制度先行"(见表 4.13)。在这些国家中,少数国家如美国采用了专门立法的形式,制定

① Ibid, p. 21.
② Ibid, p. 22.
③ Ibid, pp. 22 – 23.
④ Ibid, p. 23.

了《咸水淡化法》,多数国家在其《水法》及相关法律中规定海水利用的相关事项。

第二,海水利用产业作为新兴产业,尤其需要政府主管部门的推动与规范。各国在开发利用海水资源的过程中,无不注重确定海水资源开发的主管机构,明确其职权,如美国商务部与内政部主管海水资源开发,沙特阿拉伯设立的海水淡化公司,作为政府的机构,主管全国主要的由公共所有的海水淡化工厂。由于海水资源承载有多重功能,因而海水资源的利用难免会牵涉多个部门的职权,从而有了上下级行政部门纵向的权限划分问题以及同级行政部门横向的权限划分问题。理清各个部门的职权,协调其关系,对于海水资源利用产业的发展至关重要。

第三,国家发展海水淡化产业,应允许市场主体的多元化:可以允许私人主体所有,如西班牙;可以由私人主体参股,如迪拜的海水淡化工厂可以允许外国投资者参股 40%;可以通过 BOT 的合同模式来运营,如塞浦路斯的两大水厂就是在 BOT 的合同模式下运营的,合同有效期 10 年。

第四,一国发展海水淡化产业,还要特别注意保护海洋环境,保证水体质量。如《欧盟饮用水指令》和美国的《安全饮用水法案》等,都规定了饮用水的质量标准。新加坡强调淡化海水水质符合世界卫生组织的《饮用水水质标准》。

第五,一国海水资源立法,应充分考虑其国情,将海水资源利用制度建立在其国情基础上。如美国的海水资源立法,就突出地体现出了其联邦制国家的特色。美国对海洋资源实行三级管理体制,即当地政府通常控制海滨地带和海岸线的使用;州政府在从高潮点向海 3 海里这个海域范围内行驶管辖权;联邦政府从 3 海里到 200 海里海域范围内行使管辖权。在这种管理体制下,海水资源的开发多属于州政府和地方政府的职权,联邦海水资源相关立法的主要内容是通过拨款、奖励等激励性的制度促使州和地方积极开发、利用和保护海水资源。

表 4.13　各国(地区)有关海水淡化的法律文件

国别/地区	名称(英文)	名称
美国	The Saline Water Conversion Act of 1952	咸水淡化化法,1952 年
	Coastal Zone Management Act of 1972, CZMA	海岸带管理法,1972 年
	National Environmental Policy Act of 1969, NEPA	国家环境政策法,1969 年
	Clean Water Act of 1972	清洁水法,1972 年
	Clean Water Act of 1977	清洁水法,1977 年
	Water Quality Act of 1987	水质法,1987
	Safe Drinking Water Act of 1974	安全饮用水法,1974 年
	Water Desalination Act Of 1996	淡化水法案,1996 年
欧盟	The Drinking Water Directive 1998	饮用水指令,1998 年
	The Water Framework Directive 2000	水框架指令,2000 年
突尼斯	Water Code	水则
以色列	Water Law(1959, 2006)	水法(1959 年,2006 年修正)

第五章 海水淡化市场准入问题研究

一、市场准入的一般理论与我国海水淡化市场的准入现状

（一）市场准入制度的界定

1. 市场准入的一般理论

市场准入制度是指市场主体和货物、服务、资本等要素进入某一市场领域的制度规范。目前国内对于市场准入的含义有以下两种理解，即“赋权说”与“限制说”。

“赋权说”将市场准入定位于市场要素进入市场的有关规范准则，如“市场准入制度是关于市场主体和交易对象进入市场的有关准则和法规，是政府对市场管理和经济发展的一种制度安排。”[①]又如，市场准入制度是“在世界贸易组织（WTO）法律框架下确立的一种特殊的国际贸易法原则，其含义基本等同于‘市场自由开放’即主体或交易对象可自由地进入某国市场，相当于英文中的 Free Market Access Rule。”[②]可以说，“赋权说”的观点是基于市场开放与平等、破除垄断等要求以及国际贸易中贸易自由化、消除一切壁垒的需要之上提出的。

“限制说”则将市场准入定位于政府对市场的管制、区域间市场的

---

① 盛世豪：《试论我国市场准入制度的现状与改革取向》，载《中共浙江省委党校学报》，2001 年第 3 期。

② 侯茜：《中国市场准入制度法律问题研究》，重庆大学 2003 年硕士论文。

进入限制以及对市场主体资格与能力、产品质量安全认证等方面的审查。① 它更多的是侧重政府对市场的监管作用。

深入分析,我们不难发现,以上对“市场准入”含义的理解只不过是对这一问题的两个方面的侧重点不同而已。“赋权说”指向市场主体自由进入市场的权利,保障自由经济市场的发展不受外力过多影响,要求市场主体的平等与市场的开放,主张自由竞争。而“限制说”则侧重国家的宏观调控功能,认为政府干预经济才能实现促进行业有效竞争、保障产品安全、达到规模效益、实现资源的优化配置等目的,从而使市场得到持续长远的发展。

依“赋权说”,市场准入是一国在 WTO 规则体系下的国际义务。而在“限制说”下则允许一国政府干预市场,设置有条件的“市场准入”制度。WTO 下的“市场准入”追求的是自由贸易,国内的“市场准入”追求的是一国对国内市场长远发展的规划而设置一定的“市场门槛”,而这两者都无可厚非。问题在于“门槛”的标准如何制定,如,哪些市场要素可以进入市场,哪些不可以进入;进入的方式如何;程度怎样;现在不能进入的何时才能进入以及已经可以进入的在何种情况下可以有所改动。

---

① 对这一观点有以下三种表述:

(1)市场准入,也叫市场进入管制,是指为了防止资源配置低效率或过度竞争,确保规模经济效益、范围经济效益和提高经济效益,政府职能部门通过批准和注册,对企业的市场进入进行限制。参见王林昌:《我国市场准入秩序中存在的问题及成因》,载《经济研究参考》,2002 年 53 期。

(2)市场准入制度存在明显缺陷。一些地方政府在“立法”和“执法”环节滥用市场准入权力,提高外地企业和产品进入本地的壁垒。参见“‘十一五’规划基本思路和 2020 年远景目标研究”课题组,任兴洲、赵怀勇、邓郁松、李布执笔:《“十一五”期间市场体系发育中面临的突出问题及其对策建议》,国研网,http://202.112.143.61:81/DRCNet.Mirror.Documents.Web/docview.aspx?docid=-165464&leafid=1&chnid=1002&searchquerystring=十一五期间市场体系发育中面临突出问题及其对策建议&SearchItem=subject。

(3)市场准入是政府对经济实施管理的重要组成部分。市场准入管理制度,主要是由国家行政管理机关依照法律政策,对申请人是否具备市场主体资格并有能力从事经营活动进行审查核准,对符合条件的申请人及其经营事项和范围给予批准和许可的一系列具体制度。参见郝凯临:《论市场准入制度的创新———论政府企业登记管理制度的改革》,载《中国工商管理研究》2002 第 6 期。

2. 我国的市场准入制度

国内的市场准入表现在一国政府对市场管理和行业发展的一种制度安排,它具体通过政府有关部门对市场主体的登记、发放许可证、产品质量认证等方式来体现。

我国市场准入制度是随着20世纪80年代初期市场改革的展开而逐步建立起来的,大概经历了三个时期,包括企业登记制度恢复时期(1982—1988年),企业法人制度确立时期(1988—1992年),市场准入制度逐步完善阶段(1993年至今)。截至目前,我国市场准入制度依靠《公司法》、《个人独资企业法》、《合伙企业法》、外商投资企业法律等实体法,以及《公司登记管理条例》、《企业法人登记管理条例》、《外商投资合伙企业登记管理条例》等程序法,形成了较为完备的法律体系,并且建立了统一、规范、健全的执法体系。

以上这些法律规范实际上确定了市场准入的一般原则,即确立了市场经济中主体进入市场的自由,如成立个人独资企业、合伙企业、企业法人等。外资也可以通过一定途径进入相关市场。在这里,进入市场作为一项权利是基础,对其设限甚少。

但对一些关乎民生、国家战略或者新兴的产业,市场准入制度则表现为限制为主,即只有符合一定条件(如企业规模、技术标准等)方可进入相关市场。如我国对建立水利建设工程安全生产条件市场准入制度的规定除要求对企业的能力(如资质、业绩等)、是否取得安全生产许可证进行审查外,还要求必须对投标施工企业有关人员(如项目经理)的能力(如项目经理证书或建造师执业资格证书、业绩等)、投标施工企业主要负责人、项目负责人和专职安全生产管理人员是否取得水行政主管部门颁发的安全生产考核合格证书等进行审查。①

通过以上梳理,我们得出如下结论,②即市场准入制度的一般情况为允许市场要素自由进入市场;但基于行业的不同情况,政府可以适当

---

① 参见水利部《关于建立水利建设工程安全生产条件市场准入制度的通知》(水建管[2005]80号)。

② 市场准入制度颇为复杂,例如“市场准出”的问题亦值得探讨,此处略去。

干预，设置相应门槛。[①] 而设置“市场准入”的标准应该考虑该行业的情况。

(二)我国海水淡化市场现状

早在400多年以前就有人提出海水淡化的问题，进入20世纪后，海水淡化技术随着水资源危机的加剧得到了加速发展，70年代以来，多数沿海国家由于水资源匮乏而加快了海水淡化的产业化。目前，无论是中东的产油国还是西方的发达国家都建有相当规模的海水淡化厂。截止2010年，全球共有14 451个脱盐工厂，全球海水淡化日产量达到5 990万立方米。其中，全球海水淡化日产量为3 590万立方米，2009年新增产量460万立方米。而2011年至2015年，全球主要海水淡化市场的投资额也将达到352亿美元。[②]

我国现有的海水淡化产业一方面面临着大好机遇，另一方面也是在探索中前行，许多问题需要解决。

1. 海水淡化产业发展的技术保障

经过多年攻关，我国的海水淡化技术已经日趋成熟。我国目前完全掌握了膜法、蒸馏法两大主流海水淡化技术，在国内已建成投产的海水淡化装置中，反渗透法(RO)和低温多效蒸馏法(MED)为主流，其产水量占总产水量的95%，多级闪蒸蒸馏法(MSF)约占5%，而电渗析法(ED)和压汽蒸馏(VC)合计尚不足1%。

我国目前海水淡化总产能为40万立方米/日，装置数量62套。自2005年以后，海水淡化项目建设加快，新增产能连续几年保持在35%～64%。目前在建装置9套，总产能28.4万立方米/日，拟建装置25套，总

① 这里需要注意的是市场准入制度与政府监督调控职能的区别。在市场经济中，政府的监督调控职能是贯穿始终的，市场准入制度是政府实施监督调控职能的手段之一，特指市场要素进入市场的制度规范，而对于市场主体的行为、产品标准检验认定等并非是市场准入的制度范围之内，应当注意二者区别。

② 资料来源于IDA(国际脱盐协会)数据统计，转引自李淼：《海水淡化产业发展的展望》，载《电站辅机》2010年第31卷第3期。

产能200万立方米/日。①

我国海水淡化装备制造能力、重大配套设备和组器技术水平，以及工程设计、设备安装能力都有了很大的提高。而且设备造价比国外降低了30%～50%。在海水淡化成本方面，已接近国际先进水平，达到每吨5元。

可以说，我国海水淡化产业化的技术条件已基本具备。

2. 海水淡化产业市场发展情况

目前，全球海水淡化的市场成交额已达到数十亿美元，且每年以20%的速度递增。在这样一个大背景下，众多国外企业不断涌入我国海水淡化市场，并占有相当大的比例。目前，陶氏、GE、日东电工、新加坡凯发等众多膜行业企业都已进入我国海水淡化设备市场。2009年来自挪威的阿科凌（Aqualyng）公司也已进入我国海水淡化水产品和设备市场。阿科凌公司在中国海水淡化市场将重点开发和开展BOO（建设—拥有—经营）项目；同时，对于倾向于自建海水淡化工程以满足内部工业用水需求的国内钢厂、电厂等的目标客户，为他们提供海水淡化项目所需的技术支持。②

虽然我国众多相关企业在不断加快技术和产品结构的升级、积极开拓国际市场的进程中获得了很大成绩，比如，由中国东方电气集团东汽投资发展有限公司、中国电力工程顾问集团科技发展股份有限公司和国家海洋局天津海水淡化与综合利用研究所共同出资组建的众和海水淡化工程有限公司凭借过硬的技术和实力，先后成功取得海水淡化系统三个国际项目合同，这表明了我国海水利用产业的国际竞争力不断提升，但是从整体来看，它们的市场竞争力仍处于弱势。

在设备市场，我国的海水淡化装备制造能力、重大配套设备和组器技术水平以及工程设计、设备安装能力处于领先地位，③但是研究水平及创新能力、装备的开发制造能力、系统设计和集成等方面与国外相

---

① 李焱：《海水淡化产业发展的展望》，载于《电站辅机》，2010年第31卷第3期。

② 邢云：《阿科凌布局中国海水淡化市场》，载于《水工业市场》，2009年第5期。

③ 我国目前设备造价比国外降低了30%～50%。

比,仍有较大差距,突出表现在科技创新能力较低,核心技术和装备仍然依托国外供应商。

在淡化水产品市场,存在规模大小不一、市场竞争力不强等问题。通过对2000年至2009年我国部分海水淡化工程规模研究,我们发现:2005年以后,海水淡化规模得到迅速扩大,以上万吨级工程为主。如阿科凌(唐山曹妃甸)海水淡化项目和天津大港新泉海水淡化项目有限公司达到了10 000立方米/日,而天津北疆电厂海水淡化工程则达到了20 000立方米/日的规模。但是处于10 000立方米/日规模的项目(除去一些岛屿特殊情况,难以上马大规模项目,如浙江台州玉环县鸡山岛海水淡化工程只有300立方米/日的规模)仍不在少数,主要为国内电厂、钢厂等配套建设的海水淡化项目。如华电青岛发电有限公司海水淡化项目、大连港集团公司矿石码头工程配套海水淡化项目等,且规模一般较小。①

规模大小不一,同时带来了其他问题。在技术设备方面,难以达到规模效应和推动技术革新。我国《海水利用专项规划》中规定,"经检测合格能够进入城市供水系统的海水淡化水价格,由各地根据《城市供水价格管理办法》(计价[1998]1810号)的有关规定制定。"这为淡化水进入市政管网,供应城市用水提供了契机。但由于目前市场主体不一,一方面产品水质量难以保障,另外也难以出现市场指导价格,易导致恶性竞争。

成本偏高也是制约海水淡化产业发展的最直接和最主要因素。海水淡化水成本虽已降到目前的每吨5元左右,但相对于沿海城市偏低的自来水价格而言仍然偏高。另外,产业链不合理、市场机制不健全也是制约海水淡化水产品利用的一大原因。

3. 国家政策环境

海水淡化水是解决我国沿海地区缺水问题的重要途径,可为缺水城市提供安全可靠优质的淡水来源。作为一个水资源紧缺的国家,我

① 数据来源:国家海洋局海洋发展战略研究所,《海洋发展战略研究动态》2009年第7期。

国对海水淡化这个新兴的产业给予了很高的重视。

(1)“十一五”期间,海水利用作为重要内容被明确列入了《国民经济和社会发展“十一五”规划纲要》,纲要中要求节约淡水资源,积极开展海水淡化。

(2)《国家中长期科学和技术发展规划纲要(2006—2020)》中要求加快发展海洋技术,将海水淡化作为重点领域中的优先主题提出。

(3)《高技术产业发展“十一五”规划》提出要积极推进海水综合利用。发展海水直接利用和海水淡化技术,重点开发海水循环冷却技术、海水预处理技术、浓盐水综合利用技术、可规模化应用的海水淡化装备,支持热法、膜法低成本淡化技术及关键材料开发与产业化,建设海水综合利用示范基地,扩大海水利用产业规模。

(4)《国家“十一五”海洋科学和技术发展规划纲要》和《国务院关于印发节能减排综合性工作方案的通知》中,海水淡化作为海水利用中的重要一项也得到国家政策重视。

(5)《国务院关于做好节约型社会近期重点工作的通知》(国发[2005]21 号文件)明确提出了要推进沿海缺水城市海水淡化和海水直接利用。

(6)2005 年 7 月,国家发展改革委员会、国家海洋局和财政部联合发布了《海水利用专项规划》,规划中对我国海水淡化做出了纲领性的目标。

(7)产业扶植政策方面,国家积极推进高技术产业化,并出台《高技术产业化“十一五”规划》。另外,在《外商投资产业指导目录》和《鼓励外商投资高新技术产品目录》中也将海水淡化产业纳入其中。

(8)税收政策方面,我国 2008 年 1 月 1 日开始实施的《企业所得税法》和《企业所得税法实施条例》为海水淡化提供“自项目取得第一笔生产经营收入所属纳税年度起,第一年至第三年免征企业所得税,第四年至第六年减半征收企业所得税”①的优惠。

(9)2010 年 10 月 27 日公布的《中共中央关于制定国民经济和社会发展第十二个五年规划的建议》中也列明:“高度重视水安全,建设

① 参见 2008 年《企业所得税法》第 27 条,2008 年《企业所得税法实施条例》第 88 条。

节水型社会,健全水资源配置体系,强化水资源管理和有偿使用,鼓励海水淡化,严格控制地下水开采。”

(10)2011 年中央一号文件《中共中央国务院关于加快水利改革发展的决定》提出要积极进行海水淡化和综合利用。

(11)2012 年《国务院关于实行最严格水资源管理制度的意见》指出,应鼓励并积极发展海水淡化和综合利用等非常规水源开发利用。

(12)2012 年,国务院办公厅发布《关于加快发展海水淡化产业的意见》,该《意见》较为系统地提出了促进海水淡化产业在加大财税政策支持力度、实施金融和价格支持政策、完善法规标准、加强监督管理、强化宣传培训等五个方面的政策措施,以及加强关键技术和装备研发、提高工程技术水平、培育海水淡化产业基地、组建海水淡化产业联盟、实施海水淡化示范工程、建设海水淡化示范城市、推动使用海水淡化水等七个方面的重点工作。

海水淡化产业迅速发展离不开国家政策方面的支持。

4. 海水淡化市场准入制度现状

我国目前部分行业已制定行业的准入制度,如前文提到的建立水利建设工程安全生产条件市场准入制度。

设立市场准入制度一般有两方面的考量:第一,对整个行业进行发展规划,促进行业健康长久发展;第二,对于事关民生、国家战略的问题设置一定准入标准。海水淡化产业作为新兴产业,对于解决水资源短缺有重大影响,而淡化水目前已用作工业用水和居民用水,事关民生安全,设置相关准入制度,理所当然。

虽然我国在政策方面高度重视海水淡化产业的发展,但是至今仍旧没有制定具体可实施的海水淡化产业市场准入制度。没有门槛的限制,导致目前海水淡化产业发展中出现了一些问题。

首先,由于缺少市场主体的准入制度对于海水淡化产业的市场选择问题,即是否允许私人自由进入、完全国有化、抑或由国家控股私人进入,并没有规定,导致目前海水淡化市场中企业良莠不齐,产品水质量难以保障。在这些企业中既有一些庞大的国有企业,如中国化工集团旗下杭州水处理技术研究中心所属的杭州西门斗膜工业有限公司于2008年中标浙江省舟山市六横万吨级海水淡化工程项目，该项目总规模为日产淡水10万吨，是当时国内最大的海水淡化项目；[①]同时又有一些知名民营企业的加入，如天津宝成机械集团有限公司，该公司始创于1984年，是天津市高新技术企业和十大民营企业之一。除了以上两类企业外，还有一些如上文提到的电厂、钢厂配套所建设的海水淡化设施和一些小规模的企业进入。

其次，产业规划问题。一方面是地区规划。我国沿海地区的水资源严重不足，特别是长江以北的沿海城市更为严重，大部分城市和地区人均水资源量低于500立方米的国际缺水标准。对于这些地区是否发展海水淡化行业及如何发展海水淡化产业的规划需要考虑。由于我国没有建立准入制度，导致企业趋利避害，在条件较好的地区过度开发，对海洋环境造成很大影响。另一方面是行业发展规划。海水淡化产业化发展尚处于摸索阶段，由于市场调节的弊病，企业容易跟风，而目前市场准入中无法可依，造成"谁都可以进、谁都可以采"的现象，既浪费了资源，又对环境带来影响。同时因为市场中主体参差不齐，产品水质量标准不一，价格各异，市场链没有形成，对于淡化水是否进入市政管网难以统一，对海水淡化产业长远发展非常不利。

另外，目前我国海水淡化市场准入制度中面临的问题还有由谁监管，以及准入的标准和企业的淘汰等问题。下一节将进行比较研究，对这一问题提供参考。

二、我国海水淡化市场准入制度的规范分析

本节将结合我国海水淡化产业的现状，参考国外发展海水淡化事业的成功经验，对我国海水淡化产业的宏观发展思路提出建议，以期有所裨益。

---

① 参见缪舢:《两央企抢先布局海水淡化产业》，经济观察网，http://www.eeo.com.cn/eeotzzb2008/09/08/112677.html，2010年1月14日访问。

(一)海水淡化产业融资模式建议

1. 国际主流融资模式解释、分析

通过考察发现,当前国际上流行的海水淡化工程融资模式大略有三种:“BOT”模式、“BOO”模式、“DBB”模式,下面将进行详细论述。

(1)“BOT”模式(Build - Operate - Transfer)。

“BOT”模式,即“建设—经营—转让”模式,它的运作方法即,政府或其附属机构将基础设施建设项目的特许权授予承包商,承包商在特许权存续期间内负责项目的设计、施工、运营、管理,并在此期间内收回成本,偿还债务,赚取利润。特许期限届满,则根据先期协议将项目及其附属设施一并无偿返还给国家。

(2)“BOO”模式(Build - Own - Operate)。

“BOO”模式即“建设—拥有—经营”模式,承包商根据政府赋予的特许权,建设并经营某项重大项目,但前项特许权并不存在期限限制,故承包商无需将项目最终交还给政府。

“BOO”模式是在“BOT”模式下衍生出来,其与“BOT”模式的异同之处有如下几个方面。

相同处:其一,两者均系境外资本或境内民间资本,在获得政府特许权的情况下,从事大型基础设施建设项目的设计、运营;其二,在特许经营权有效存续期间内,承包商可得以自己的名义从事融资、建设、经营等行为,享受该项目的占有、使用、收益诸项权能,享有合理收取费用的权利,同时承担项目融资、工程设计、施工建设、维护保养、运营管理方面的义务,并承担运营过程中的风险。

不同处:“BOT”模式与“BOO”模式最大的不同点,在于是否需将项目最终交还国家,体现在技术层面,即承包商在政府处获得的特许权是否存在期限限制。在“BOT”模式中,特许权有固定期限,期限届满或合同中约定的条件成就时,项目须无条件交回国家。从私法的角度观察,即承包商虽享有如占有、收益等权能,但自始至终未取得项目的所有权。也就是说,在“BOT”模式下,项目所有权的归属较为单一,关系的理顺较为简单。而在“BOO”模式下,承包商一经许可,则取得该项

目的所有权，无需再交予政府，使用、收益等权能享有的依据纯系从所有权生发而来，在效力上强于“BOT”模式下基于债权的享有。这一微妙的差异在法律上和法理上将产生一系列问题，这将在下文分析。

（3）“DBB”模式（Design－Bid－Build）。

“DBB”模式，即“设计—投标—建设”模式，是一种在国际上较为传统且常见的模式，突出特点为，在项目的筹备建设过程中，必须按照“设计—招标—建设”的步骤进行，完成一步方才可以启动下一步，不得僭越。一般认为，“DBB”模式是专业化分工的产物，业主分别与设计和施工承包商签订合同，在设计全部完成后，进行招标，然后进行施工。

澳大利亚的 Kuinana 海水淡化工厂即是以这种模式兴建的。“DBB”模式的优势明显，因该模式本身即是社会专业分工下的产物，每一环节的专业程度都很高，成果质量较有保障。但缺点亦十分明显：过于强调按部就班，导致工期大幅延长，对于中小型工程尚且可以承受，但若涉及大型基础设施建设工程，则难免有资金链断裂、或受害于宏观政策转变之虞，机会成本较高，风险将会不可预期的增加。因此此种模式较适于中小工程的融资建设，或是资金供应充足、国内政策环境有持续性保障的大型工程的融资建设。

此外，需要特别指出的是，在“DBB”模式中，参与各方被称为“业主”、“设计机构”、“承包商”，与“BOT”模式、“BOO”模式相比，参与主体的官方化色彩被冲淡，所有权的归属指向并不明晰，如此可能会导致所有权结构梳理不清，应当引起注意。

2. 对我国未来海水淡化产业建设融资模式的建议

据以上分析，结合我国社会主义性质和初级阶段的基本国情，综合考虑国内外因素，参考国际成功经验，本文认为，在现阶段，我国发展海水淡化产业的融资模式应以“BOT”模式为宜，下面将对这一建议的理由进行详细说明。

（1）“BOT”模式在市场及资本运作方面的优势。

采用“BOT”模式融资，可以充分激活民间资本，减轻国家财政的负担。同时多元化的资本来源可以恰当分散投资风险，在一定程度上减轻政府负担。另外,允许拥有域外背景的资本有限介入,可以提高基础设施建设与管理水平,加快与国际接轨的步伐。

这一模式也打破了国家在基础设施建设领域的绝对垄断地位,在公共产品和公共服务的提供上引入了市场机制,有助于促进社会资源的合理配置。

(2)"BOT"模式对"BOO"、"DBB"模式的比较优势。

在"BOT"模式下,承包商获得的特许权必定会有一个附加的期限,期限届满,就必须将项目及其附属设施无条件交还政府。而"BOO"、"DBB"模式则没有类似的要求。可以想见,在当前我国经济社会的宏观背景下,采用"BOT"模式无论对政府、对承包商,还是对项目,乃至对产业的发展,都是有利的。以下将进行详细论述。

从法律的视角下观察,"BOO"模式中特许权的获得,颇似英国17世纪公司设立时由政府颁发的"特许令状":是否签署该令状,权在政府;而一旦签署,则任其组织发展,政府对该公司并无所有权,而且该令状也绝不会存在失效的期限。比照来看,则在"BOO"模式中,政府本于公法上的权责,允许非国有资本介入海水淡化产业,而建成后该厂的所有权中并无国家份额,政府仅依照公法有监督管理、提供服务的职责,在私法上则并没有主体资格借以恰当介入。如此,政府如果想要出台政策对海水淡化企业加以扶植,那么扶植措施的施行根据,仅有公法的面向,缺少私法的维度。失去私法的支撑,扶植政策的合理性依据似有单薄之嫌。此外,就我国社会性质、基本国情、所有制制度而言,海水淡化产业,涉及供水,而供水又对国计民生有很大程度的关联,向来是由国家掌控的事业单位负责经营,相关政策、法律法规也有如此规定。在"BOO"模式下,资本性质不尽相同,则它所生成的所有权性质也存在差异。如此就可能与国家政策法规产生冲突,协调不易,难以理顺。至于"BOT"模式,便不会产生上述问题。首先,"BOT"模式并不同于英王的"特许令状",特许权上附加有期限,期限届满后承包商须依协议无条件将项目交还国家,这样的举措隐含的信息是,该项目的所有权始终掌握于国家手中,承包商享有的占有、使用、收益等权能是根据债权行为而来。债具有相对性,不像所有权等物权,后者具备绝对性与对世性,效力一般会强于债权。因此,在"BOT"模式下国家扮演的角色要比

"BOO"模式所形成的国家定位具备更强的主动性。其次,所有权的归属又可以恰当地契合我国所有制形式和政策法规的要求。第三,政府将来扶植政策的实施,其合理性根据便有了公法、私法两个支点作为支撑,在法理上不会存在障碍。

"DBB"模式中,参与各方被称为"业主"、"设计机构"、"承包商",这种称谓凸显出了一种潜含的迹象——国家在这一模式中的主导性地位被专业化、市场化的角色分工而冲淡了。实际上,"DBB"模式与其被称作是一种融资模式,还不如被称为是一种工程组织模式。在这种程序化的模式中,每一个参与方之间是相对比较隔绝的,很难有一方在整个程序中起到有别于另两方的全局性、贯通性作用。"DBB"模式在逻辑上也不承认这种上位的主导性力量存在。而考虑我国现实,海水淡化事业刚刚起步,没有国家力量介入并进行扶植,是很难在较短时间内有所进展的。故而"DBB"模式这种对国家主导地位包容性不强的模式,并不完全适合我国国情和产业发展现实的需要,因此不建议予以采纳。

(3)"BOT"模式具有相对于政府独资的优势。

政府独资固然可以更容易地理顺在所有权权属方面与我国国家制度和法律体系之间的关系,但简单的"理顺关系"并不是一项公共政策出台的唯一依据。一般说来,经济的发展、社会的进步,归根到底还是要靠效益,要靠各种社会效益的积累。打个比方,中国有句古语,叫"名不正则言不顺,言不顺则事不成",但是把这句话放到现代社会发展进步的环境中进行批判的话,那么"正名"固然重要,但"名正言顺"毕竟只是加强政策合理性的依据而已,作为一种属性它本身并不具备直接产生物质财富、促进社会进步的能力。因此,制定公共政策首先还是要重点考虑公共政策所产生的各种社会效益的积累与综合。在这一价值评价下,则效益标准的依据就是"投入—产出"关系。海水淡化产业,其规模之大,技术之复杂,投资之高、周期之长、风险之大,前期若没有持续性高投入,很难支持。而这将会给政府财政造成极为沉重的负担,大量资金、物资、人员的投入,倾一地区之力发展海水淡化产业,最终或可成功,但无疑会压缩政府投入到其他公共产品和公共服务领域中的资源量,整体计算,收益可能并不高,甚至可能出现负值,有悖于

"投入—产出"的一般要求,反而可能拖累社会经济发展,得不偿失。由此,倘若政府充分利用市场,激活民间资本,以特许经营权的方式引入优质民间资本,介入海水淡化产业,一可在短时间内筹集大量资本,保障对海水淡化产业的持续资金供应和充足资金储备,促进海水淡化产业的迅速崛起;二可减轻政府的财政负担,降低对公共资源、公共服务的依赖和挤占,使得经济效益、社会效益统一协调发展;三可消化社会中过剩的资本,使之得以在市场内实现良性流动,进一步增进社会效益。

综上所述,本报告认为,"BOT"模式是最为适合我国国情的融资模式,能够促进我国海水淡化产业的崛起,实现经济效益、社会效益的和谐统一。

(二)海水淡化产业市场主体准入制度及标准建议

上一部分的分析解决了海水淡化产业中融资模式的选择问题,从三个角度进行了论证,并建议采用"BOT"模式作为我国海水淡化产业的标准模式进行融资,这里不再展开。

需要注意的是,"BOT"模式实际上是一种"双向开放的结构"。首先,它把政府作为所有权的主体引入到了海水淡化市场的法律关系中,为政府扶植政策的施行提供了私法维度上的正当性支撑,这一支撑和公法上"公权力依据职权介入"的正当性根据相形益彰,共同为政府的介入提供了稳固的合理性与合法性架构,这便是"为政府的进入打开了门"。其次,基于特许权而形成的在一定期限内对于占有、收益权能的让渡,使得民间资本的介入成了水到渠成、自然而然的事情,这就是"为民间资本打开了门"。这种双向的开放结构通过在传统的政府地盘内引入市场机制,最大限度的整合了社会中存在的各种资源,为海水淡化产业发展提供了最大限度的助益。

如果说"BOT"模式的选择解决了"私人可以介入海水淡化产业,及这种介入何以称之为合理"这一问题的话,那么究竟哪种类型的民间资本、哪种资质的企业可以进入到这个产业中来,就成了下一个现实而迫切的问题,本节将着力加以论述。

1. 海水淡化市场准入"双轨制"的建议及其论证

考虑到我国社会主义初级阶段的基本国情和现阶段市场发育的现实程度，对于供水领域，社会上存在着二元化的需求，既要稳定居民生活用水的水价，保障民生；又要合理利用市场机制，发挥市场的调节作用，以达到优胜劣汰、优化产业结构的目的。本文认为，在海水淡化的市场准入方面应当建立"双轨制"的准入体制，以求两全。

（1）"双轨制"的概念。

本文所谓的双轨制概念，就是以淡化水的最终用途为标准，区分居民生活用水、工业企业生产用水，在此基础上针对两者的价值取向与利益分殊，对市场主体的准入做出不同的制度安排，使得两者各自获得效益最大化。

（2）"双轨制"制度实施的可能性。

这种依据水的最终功能进行标准区别的思路早已有之，在当前实行的市政供水定价方法中已有体现。早在 1998 年，当时的国家计委、建设部制定并实施了《城市供水价格管理办法》，在该办法的第 6 条中就明确规定，"城市供水实行分类水价，根据使用性质可分为居民生活用水、工业用水、行政事业用水、经营服务用水、特种用水等五类。各类水价之间的比价关系由所在城市人民政府价格主管部门会同同级城市供水行政主管部门结合本地实际情况确定。"①这种思路明确地体现了不同需求与价值间的分野，使用至今且长久不衰，为"双轨制"的施行提供了现实的可能性和宝贵的实践经验。

（3）"双轨制"制度实施的必要性。

在目前我国海水淡化的实践中，囿于技术手段的不足，淡化水的品质尚难供给居民所直接饮用，所以在中水管网系统还没有完善之前，将淡化水直接大量导入市政管网、进入居民生活尚不现实。但是就工业生产而言，淡化水的品质已经堪用。这种源于技术障碍的因素，使得强行按照同一套准入规则进行管理的模式有削足适履之嫌。将居民生活

---

① 参见由国家计委、建设部制定的《城市供水价格管理办法》（1998 年 9 月 23 日计价格［1998］1810 号文件印发）第 6 条。

用水和工业生产用水的市场准入标准刻意统一化，是将一个尚难实现的产业与一个已经具备可操作性的产业放在一起订立标准，这种“强使为一”的标准可能将严重阻碍海水淡化产业的发展进程与体制创新。因此，基于现实因素的考量，应当对两个市场的准入规则进行区别考虑。

（4）“双轨制”制度基于效益原则的现实考量。

居民生活用水，关系国民命脉、社会安定，牵连国家安全，关乎居民生活水平与广大人民的根本利益，因此在居民用水市场中对非国有资本的介入问题应更加审慎，标准也应更为严格。然而工业用水市场，其地位虽然重要，但毕竟对市场机制的接受程度和适应能力较强，所以在这些领域，非国有资本的介入门槛可以适当降低。这种二元化的特征区分使得海水淡化产业准入制度的“双轨制”安排具有探讨的余地。

综合上述分析，在海水淡化市场准入机制的设计中，双轨制具有现实可操作性，具有必要性，是保障经济社会良性发展的题中之意，有基于此，本文建议加以采纳。

2.“双轨制”下市场准入具体标准的建议

（1）满足工业生产用水需求的海水淡化企业准入规则建议。

①资本总额标准。

进入主体的总资产额度应足以维持淡化水生产的巨大消耗。海水淡化工程具有规模大、投入高、周期长等特点，且大量核心技术与核心装备国内难以自给，尚需依赖进口。这一切都需要介入该产业的主体具有相当雄厚的支付能力和持续的资金供应，否则难以为继，甚至还会拖累我国海水淡化产业的发展。

②资本背景标准。

适当考虑具有域外背景的资本在申请准入主体的总资产中所占的比例。考虑到海水淡化产业对国民经济命脉的重要作用，以及域外背景资本风险的不确定性，应对此类涉外资本在申请进入的企业之总资产中所占比例的上限有所规定。经调查，外国也存在对于涉外资本的限制措施，如中东国家阿联酋，就规定在从事海水淡化企业中，外国资本的比例不得超过40%。①

③技术标准。

对申请进入海水淡化产业的企业,要求其生产技术、生产工艺要达到一定的标准。技术要素是海水淡化生产过程中的核心要素,技术的先与否直接关涉到环境影响、能耗、产品品质等一系列因素,淘汰老旧工艺、设备,采用新型节能、环保、高效、优质的新技术,新工艺,新设备,是落实科学发展观,促进循环经济,提高综合效益的必由之路。

④环境标准。

对进入海水淡化产业的企业,应当要求其清洁生产,引入环境影响评价制度,将工业生产对环境的负面影响降至最低。

(2)对居民生活用淡化水市场的准入规则。

①资本总额标准。

比照前述标准,参照实际情况,规定具体数额,但是可规定非国有资本占总比例不得超过50%。

②外资比例标准。

具体比例的确定应较大幅度低于生产用水的外资比例,同时建议对域外资本的总额有所限制,原则上不得超过50%。

③技术标准。

比照前项建议标准。

④环境标准。

比照前项建议标准。

(三)政府对海水淡化企业的扶植措施建议、监管建议及柔性退出机制建议

1. 扶植措施建议

本节第一部分已经完成了对政府扶植海水淡化产业在法理上的合理性分析,列明了公法与私法两个维度的合法性理论,具体细节,在这

① Water supply and sanitation in Abu Dhabi, http://en.wikipedia.org/wiki/Water supply and sanitation in Abu Dhabi.

里不再进行展开。

参考国外经验,世界各国对海水淡化产业的发展均有相应的扶持措施,具体手段,纷繁杂芜。本文已单辟一节专门说明,此处不再予以重复。本部分将结合外国政府扶持海水淡化产业的成功经验,针对我国现实情况,对我国政府扶持海水淡化产业的政策作出如下建议。①

(1)政府直接补贴水价。

在海水淡化产业发展中,既已引入市场机制,则产品价格的形成,自须受成本的影响。然而,在目前的技术水平下,淡化水每吨的成本价约为 5 元左右,②显著高于目前城市自来水每吨 4 元左右的价格水平。在水质没有明显优势的情况下,淡化水仅靠市场调节的价格不具备竞争力,注定会被市场所淘汰。因此,本着发展海水淡化产业、缓解我国缺水现状这一战略目标的考量,必须由政府对淡化水的价格形成机制进行调控。考察世界各国,建议我国政府可以对淡化水单价进行直接补贴,使每吨淡化水的价格降到与普通水价格大略相当的水平,但应参照补贴数额不得超过淡化水每吨的生产成本。借以降低淡化水成本,增强市场竞争力。

(2)出台相关法律法规,强制部分高耗水工业项目使用淡化水。

严格限制沿海地区新建以淡水为水源的高耗水项目,可以依法强制规定若干产业部门,如火电、石油化工、金属冶炼等,只允许使用淡化水,以稳定淡化水的市场。

(3)制定海水淡化税收优惠政策。

对海水淡化企事业单位在研究开发、专用设备购置和生产等方面,予以一定的税收优惠政策支持。当前我国《企业所得税法》第 28 条规定:"国家需要重点扶持的高新技术企业,减按 15% 的税率征收企业所得税。"《企业所得税法实施条例》第 88 条第 2 款规定,企业从事前款规定的符合条件的环境保护、节能节水项目的所得,自项目取得第一笔

---

① 本部分建议参考了杨尚宝:《关于我国海水淡化产业发展的政策思考》,载《水处理技术》34 卷第 2 期。

② 本数据来自周洪军:《我国海水利用业发展现状与问题研究》,载《海洋信息》2009 年第 4 期,第 19 页。

生产经营收入所属纳税年度起，第一年至第三年免征企业所得税，第四年至第六年减半征收企业所得税。海水淡化产业同时出现在《国家重点支持的高新技术领域详细目录》第7项“资源与环境技术”下第1目“水污染控制技术”的第5条，依规定可以享受《企业所得税法》规定的减征所得税的优惠。除此之外，还可以采取进一步措施，比如对企业从事海水淡化与利用研究拨付经费，对海水淡化与综合利用企业购置的专用设备予以补贴，对国家鼓励的海水淡化生产企业，从生产经营之日起，免征一定期限的企业所得税等。

(4)保障海水淡化项目用海用地。

要按照全国海洋功能区划的要求，在认真调查研究的基础上，开展海水利用功能区选划，合理划定特殊和一般工业用水区，为海水淡化提供用海保障。海水淡化项目用海应缴海域使用金可享受优惠政策。保障海水淡化项目的建设用地，对于公益性海水淡化项目可采取行政划拨方式予以提供，运营企业在合同期限内拥有划拨土地规定用途的使用权。

(5)鼓励和支持淡化水进入市政管网。

凡条件允许的地方，可以允许淡化水进入市政管网，供居民日常生活使用。在市政管网基础设施建设完善的地方，可以将淡化水依水质分为上等水、中等水等级别，不同水质的淡化水进入不同的管网系统，提高淡化水的使用效率，增加效益，节约社会资源。鼓励地方政府改造改善市政供水管网，实现分水质供水。

(6)加大海水淡化技术自主创新力度。

积极实施海水淡化基础理论和前沿问题的研究工作，扎实开展各种海水淡化核心与关键技术的攻关，大力兴建各种海水淡化实验室和工程技术研究中心等科技基础条件平台建设，开展广泛的海水淡化领域技术交流与合作，提高我国海水淡化的自主创新能力。

2. 监管措施建议

本章区分了海水淡化产业的市场准入与市场监管，在第一节已经言明，不复赘言。以下仅就国家有关部门监督管理的项目标准，提出建议如下。

(1)对资本流动及背景的监管。

现代企业的特征之一,就是资本的流动性非常强,同时资本来源多样,背景也较为复杂。由于前面提到的准入规则中,存在对外资、私人资本的限制,且关系到淡化企业的准入主体资格,为此需对资本构成及来源实施及时监督,一旦发现有违背准入规定的情形,需及时纠正,并予以相应处罚。

(2)产品质量的检测。

有条件使得淡化水进入市政管网供居民生活使用的地方,对于居民生活用水,淡化水的质量需满足《生活饮用水卫生标准》(GB5749－85)的规定。生产用水需要满足该项工业用水的特殊标准。

(3)环境污染监测。

海水淡化产业的生产过程中造成的污染有:

海水淡化后浓盐水的排放问题。海水淡化排出大量的浓盐水,其含盐量高于海水一倍左右。如果把浓盐水直接排入海洋,恐将影响海洋生态环境。

排放废水的温度问题。利用电厂余热进行淡化、制盐及盐化工产品的提取,具有很高的经济价值,但是废海水中的热能会使局部海域水温升高,导致某些浮游生物急剧繁殖和高度密集,从而产生"赤潮",造成海洋生物大量死亡。海水水温的升高还会使海水中溶解氧的含量降低,影响生物的新陈代谢,甚至使生物群落发生改变,破坏海洋生物的栖息环境。

除此之外,海水淡化生产中可能造成的环境负面影响还有很多,本处不再列明。监管部门必须就淡化企业的生产活动对环境的影响进行客观公正的评估处理,制定相关技术性标准,严格执行,确保海洋的良性生态环境。

3. 先期介入的海水淡化企业柔性退出机制建议

本文所谓"先期介入的海水淡化企业",是指在海水淡化市场的准入规则尚未正式颁布实施之前,已经进入该领域的淡化企业。在实践中,这类企业确实存在,而且正是当前我国海水淡化市场的主体构成。

所谓"柔性退出机制",是指对先前进入海水淡化市场的企业,如果技术、工艺、设备或是环保标准未达到准入标准,或是主体资格存在瑕疵,应该制定一定的退出机制使其能够退出海水淡化市场。但这种退出市场的方式,不能搞行政命令,更不能搞"一刀切",而是应当通过政策调节,运用市场运行的一般规律,使之实现优胜劣汰,逐步淡出这一市场,以实现我国海水淡化市场的健康存在与良性发展。具体政策措施如,对于主体资格没有瑕疵、而设备、工艺等技术标准不达标的先期介入企业,可比照准入规则,规定只有符合技术标准规定的企业才可享受上面所列举的种种优惠与扶植措施,这样可以使用市场规律使得不符合标准的企业由于成本的增加而丧失竞争力。而对于主体资格瑕疵的先期介入企业,可以规定一定的整改期限令其整改,如果整改合格,则可以与经过市场准入审批的淡化企业拥有相同的市场地位,享受相同的权利,履行相同的义务。如果在整改期限内没有能够消除主体瑕疵因素,则强行令其退出市场。

(四)国家海洋局在海水淡化体系中的重要作用与职能

1. 制定战略发展规划并监督实施

该职能的依据在于《国家海洋局主要职责内设机构和人员编制规定》第2节第1条:"承担综合协调海洋监测、科研、倾废、开发利用的责任。组织拟订国家海洋事业发展战略和方针政策,组织拟订并监督实施海洋主体功能区规划、海洋信息化规划、海洋科技规划和科技兴海战略,会同有关部门拟订并监督实施海洋事业发展中长期规划、海洋经济发展规划。"在我国海水淡化产业的发展中,国家海洋局应该在充分调查研究的基础上,为我国海水淡化产业的宏观发展制定战略规划,阐释指导思想,指明发展方向,提出发展目标,明确发展规模,完善发展方式,制定发展步骤,为我国海水淡化事业的迅速崛起提供保障,为我国海水淡化产业的成长壮大描绘蓝图,为我国海水淡化市场的健康、良性发展提供蓝图。

2. 组织海洋科研和技术攻关,加强海水淡化领域的科学研究

该职能的依据在于《国家海洋局主要职责内设机构和人员编制规

定》第2节第7项:"组织海洋调查研究,推进海洋科技创新,组织实施海洋基础与综合调查,承担海水利用和海洋可再生能源的研究、应用与管理,管理海洋系列卫星及地面应用系统,拟订海洋技术标准、计量、规范和办法。"在我国海水淡化产业的发展中,海洋局要充分发挥自身功能优势,利用在海洋管理方面的便利条件,扎实推进海水淡化领域的自主创新能力建设,积极实施海水淡化基础理论和前沿问题的研究工作,扎实开展各种海水淡化核心与关键技术的攻关,大力兴建各种海水淡化实验室和工程技术研究中心等科技基础条件平台建设,开展广泛的海水淡化领域技术交流与合作,提高我国海水淡化事业的研究能力。

3. 设置海水淡化市场的准入标准,对申请企业实施许可

该职能的依据有两项,其一在于《国家海洋局主要职责内设机构和人员编制规定》第2节第4条:"承担规范管辖海域使用秩序的责任。依法进行海域使用的监督管理,依法组织编制并监督实施全国海洋功能区划,组织实施海域使用权属管理,按规定实施海域有偿使用制度,组织实施海域使用论证、评估和海域界线的勘定和管理,审批和管理海底电缆管道铺设。"其二在于《中华人民共和国行政许可法》第12条:"下列事项可以设定行政许可:(一)直接涉及国家安全、公共安全、经济宏观调控、生态环境保护以及直接关系人身健康、生命财产安全等特定活动,需要按照法定条件予以批准的事项;(二)有限自然资源开发利用、公共资源配置以及直接关系公共利益的特定行业的市场准入等,需要赋予特定权利的事项;(三)提供公众服务并且直接关系公共利益的职业、行业,需要确定具备特殊信誉、特殊条件或者特殊技能等资格、资质的事项;(四)直接关系公共安全、人身健康、生命财产安全的重要设备、设施、产品、物品,需要按照技术标准、技术规范,通过检验、检测、检疫等方式进行审定的事项;(五)企业或者其他组织的设立等,需要确定主体资格的事项;(六)法律、行政法规规定可以设定行政许可的其他事项。"

依据上述两条法律法规,可得出以下结论:第一,因海水淡化行业提供公共服务并且直接关系公共利益,甚至直接涉及人体健康,因此可以对该产业设定市场准入;第二,对于市场准入规则设定的主体资格,

在国家海洋局的职能设计中已经有所显示，应该起到主导性的作用。

《行政许可法》第 13 条规定："本法第十二条所列事项，通过下列方式能够予以规范的，可以不设行政许可：(一)公民、法人或者其他组织能够自主决定的；(二)市场竞争机制能够有效调节的；(三)行业组织或者中介机构能够自律管理的；(四)行政机关采用事后监督等其他行政管理方式能够解决的。"就海水淡化市场而言，由于该市场还在发展之初，各种机制不尽健全，市场发育不够成熟，因而将海水淡化的有关事项交予市场主体、行业组织或中介机构自我管理，或者交由市场竞争机制调节的条件尚不具备。也正因为海水淡化市场是新兴市场，容易产生各种问题，与其"末端治理、病重求医"，不如防患于未然，因而不宜由行政机关采取事后监督方式。

《行政许可法》第 14 条规定："本法第十二条所列事项，法律可以设定行政许可。尚未制定法律的，行政法规可以设定行政许可。必要时，国务院可以采用发布决定的方式设定行政许可。实施后，除临时性行政许可事项外，国务院应当及时提请全国人民代表大会及其常务委员会制定法律，或者自行制定行政法规。"根据这两条规定，法律、行政法规有设定行政许可的权限，故严格来说应先在法律、行政法规层面明确规定海水淡化市场准入制度，再由国家海洋局出台细化规定明确准入条件，以杜绝可能出现的合法性质疑。

另外需要进一步指出的是，由于海水淡化市场准入制度的设计可能牵涉到与其他同级部委职能范围的交叉，因此，建议可以由国家海洋局牵头组建一个常设性的联合机制，在这个联合机制内会同水利部、环境保护部、国家税务总局、国土资源部等单位，对海水淡化市场的准入规则进行制定，并对申报企业进行审核。除此之外，前面所提及的对海水淡化企业的各项扶植政策中，涉及需要各个部委协调合作的具体措施，也可以在这一常设机制的框架内予以协调解决，提高了行政效率的同时，也有利于各项扶植措施的切实贯彻落实，促进我国海水淡化产业的快速发展。第三，在这个常设联合机制中，还可以共同制定"海水利用条例草案"，报请国务院进行批准，对我国今后海水的利用活动进行规范化，使之有法可依、有章可循。

4. 会同环保部，监督生产过程对海洋环境的影响

该项建议的法律法规依据有三项。其一，《中华人民共和国环境保护法》第 7 条："国务院环境保护行政主管部门，对全国环境保护工作实施统一监督管理。县级以上地方人民政府环境保护行政主管部门，对本辖区的环境保护工作实施统一监督管理。国家海洋行政主管部门港务监督、渔政渔港监督、军队环境保护部门和各级公安、交通、铁道、民航管理部门，依照有关法律的规定对环境污染防治实施监督管理。县级以上人民政府的土地、矿产、林业、水利行政主管部门，依照有关法律的规定对资源的保护实施监督管理。"其二，《国家海洋局主要职责内设机构和人员编制规定》第 2 节第 6 项："承担保护海洋环境的责任。按国家统一要求，会同有关部门组织拟订海洋环境保护与整治规划、标准、规范，拟订污染物排海标准和总量控制制度。组织、管理全国海洋环境的调查、监测、监视和评价，发布海洋专项环境信息，监督陆源污染物排海、海洋生物多样性和海洋生态环境保护，监督管理海洋自然保护区和特别保护区。"其三，环保部的职能第 1 项和第 2 项规定："（一）负责建立健全环境保护基本制度。拟订并组织实施国家环境保护政策、规划，起草法律法规草案，制定部门规章。组织编制环境功能区划，组织制定各类环境保护标准、基准和技术规范，组织拟订并监督实施重点区域、流域污染防治规划和饮用水水源地环境保护规划，按国家要求会同有关部门拟订重点海域污染防治规划，参与制订国家主体功能区划。（二）负责重大环境问题的统筹协调和监督管理。牵头协调重特大环境污染事故和生态破坏事件的调查处理，指导协调地方政府重特大突发环境事件的应急、预警工作，协调解决有关跨区域环境污染纠纷，统筹协调国家重点流域、区域、海域污染防治工作，指导、协调和监督海洋环境保护工作。"

观察环保部与国家海洋局的职能定位，可知国家海洋局和环保部在监督海洋生态环境中存在职能上的交叉，而在整体上看，国家海洋局偏重于对海洋的管理，在海洋环境检测的技术能力和制定技术标准的能力上，可能由于技术资源的不足而逊于环保部，所以在对海水淡化企业生产过程中所产生的负面环境影响的测评时，应当会同环保部共同

进行。这既是政策法规的规定,又是实事求是原则的客观要求。

综上,国家海洋局在未来我国海水淡化体系中占据重要地位,各项职能于法有据,必将成为促进我国海水淡化市场的健康、有序、良性发展的主导性力量。

三、小结

本章的论述紧扣"促进我国海水淡化事业的崛起"这一主题,围绕"海水淡化市场的准入规则"这一核心,从以下几方面进行论证并提出建议。

首先,对我国海水淡化产业的融资模式提出建议。考虑到我国的目前海水淡化产业发展市场发育程度以及市场准入规范的现状,并考量国际上流行的淡化工程融资模式,本文建议采用"BOT"(Build - Operate - Transfer)模式进行融资。这种模式的优越性集中体现在可以妥善解决两个问题:第一,能够解释政府在超越单纯市场调解、采取政策手段促进海水淡化产业时,其行为的正当性问题;第二,"BOT"模式作为一种"双向开放的结构",其能够为非国有资本的介入提供合理性解释的问题。首先,"BOT"模式能够从所有权的角度把政府作为私法上的主体引入到整个法律关系当中,在公法之外为政府扶植政策的正当性架构了一个新的支点,两个支点相得益彰,共同支撑起了上述合理性依据。其次,"BOT"模式作为一种双向的开放型结构,通过引入特许权而形成对融资项目使用、收益权能的让渡,自然而然地使得非国有资本的介入成为理所当然。同时考虑到 BOT 模式相对于其他诸如"BOO"、"DBB"等模式的比较优势,最终建议采用"BOT"模式。

其次,对海水淡化市场准入规则提出建议。如果说第一部分解决了"是否允许非国有资本介入海水淡化产业"这个问题的话,那么接下来一个更为紧迫的问题就是"什么样的非国有资本有资格进入海水淡化产业"。前一部分通过"BOT"这一双向开放模式的选择,使得非国有资本介入成为正当,那么第二部分就应当着力于对非国有资本的准入制度提出建议。这是一个复杂而专业的技术性问题,牵涉到价值评价和与我国现行法律法规、政策体系的协调,所以在解决方法的建议中适时地提出了“双轨制”的解决方案，论证详见相关部分。

再次，对批准进入市场的企业的扶植措施及市场柔性退出机制提出建议。在前两部分完成了海水淡化市场准入门槛的设置后，如何扶植“进门”的优质资本和优秀企业这一问题的紧迫性开始凸现。另外，由于当前我国相关法规、规则的滞后，在市场准入规则正式实施之前已经进入到这个市场中的企业（这类企业在实践中大量存在，详见第一节的相关部分），应当依据准入规则对其进行再次评价甄别，最终形成一个优胜劣汰的市场退出机制。

第四，对国家海洋局在海水淡化产业发展中的地位和职能做出分析。我国海水淡化产业的崛起与发展是一个庞大而艰巨的系统工程，政府参与其中后更加剧了组织协调的复杂性。更兼海水淡化事业草创，各种关系尚亟待理顺，因此，从法律法规具体规定的角度，实证地透析各个政府部门在海洋利用和海水淡化产业发展这一战略蓝图中的恰当地位，自然非常重要。本节第四部分广泛地引征了《国务院办公厅关于印发国家海洋局主要职责内设机构和人员编制规定的通知》（国办发[2008]63 号）、《中华人民共和国行政许可法》、《中华人民共和国环境保护法》、《国务院办公厅关于印发环境保护部主要职责内设机构和人员编制规定的通知》（国办发[2008]73 号）等法律法规文件，为国家海洋局在发展海水淡化、促进海洋开发的事业中所具备的重要地位和作用提供了充分的论证。

综上，我国海水淡化产业已经拥有了一定基础，大规模发展崛起的时机已经成熟，辅以必要的制度设计与抉择，定会实现振兴，对我国经济社会的新一轮发展提供强大助力。

第六章　推进我国海水资源开发、利用和保护的法律制度建设的建议

《中共中央关于制定国民经济和社会发展第十二个五年规划的建议》再次重申了发展海洋经济的重要性，并明确提出对海水淡化的鼓励政策。① 根据中共中央的建议，在2011年3月十一届全国人大四次会议通过的《中华人民共和国国民经济和社会发展第十二个五年规划纲要》明确提出，积极发展海水综合利用，大力推进海水淡化利用。②结合我国海水资源开发利用的法制现状，参考国外立法经验，本章对我国海水资源开发、利用保护法律制度分别从宏观角度和微观方案两方面提出立法建议，以期有所裨益，并制定详细的立法行动方案，以期由国家海洋局推动海水产业立法，促进海水利用产业快速、健康、可持续发展。

一、海水资源开发利用保护的宏观指导思想

（一）确立合理的海洋发展宏观战略规划及协调相关专项规划

是否开发利用海水资源和如何开发海水利用资源必须在宏观上进行战略规划。中国水资源总体分布情况是南多北少，秦岭—淮河一线以南为多水带和丰水带，除了部分地区水质性缺水外，总体水量多，水资源丰富。秦岭—淮河一线以北水资源总体缺乏，基本上北方城市都不同程度上缺水，特别是青岛、天津、唐山等沿海城市都缺水，同时，也

---

① 《中共中央关于制定国民经济和社会发展第十二个五年规划的建议》，《人民日报》2010年10月28日。

② 《中华人民共和国国民经济和社会发展第十二个五年规划纲要》，中国政府网，http://www.gov.cn/2011lh/content_1825838.htm，2011年10月3日访问。

都具有发展利用海水的潜力。而对海水利用进行规划时,首先要考虑到上述我国水资源的分布情况,既要有综合性、宏观性规划,又要结合不同区域的实际情况,有区域性、专项性规划。

在既是缺水又地处沿海的城市,需要大力开发海水资源,在水资源战略规划中需结合当地的淡水资源分布、水资源评价及水资源可利用性评价、中水的利用以及跨流域调水等综合利用情况制定总体的水资源战略规划。综合规划与专项规划需要协调。我国水资源战略规划是非常必要的,这是涉及我国各区域水资源配置的最基本问题,以此才能决定哪个区域或城市需要开发利用海水资源。

《规划环境影响评价条例》要求对涉及需要在编制区域、流域和自然资源开发利用规划以及产业发展建设规划等需整体考虑的规划时,需要对规划进行环境影响评价,以确定规划是否可行。

(二)根据规划因地制宜发展海水循环经济,分类开发利用海水资源

宏观战略规划及配置水资源,需要把海水利用作为优化沿海地区水资源结构的重要措施。坚持因地制宜、因需而用的原则。一要因地制宜,有条件的地区要积极利用海水,严重缺水的沿海地区要扩大海水利用规模,不断提高海水利用水平;海岛要根据需求和条件,以海水淡化为主,以满足海岛军民生活用水为目标,切实体现以人为本的要求。二要因需而用,大小并举,宜大则大,宜小则小。用水需求量大、但淡水资源量不足的地区,特别是大城市和特大城市,适度发展大型海水淡化工程;海岛及企业利用海水淡化水,则宜根据需求确定淡化能力的规模;企业直接利用海水作为冷却水等,也宜因需确定海水利用规模等。

分层次开发,鼓励循环,尽量减少海水利用带来的负面影响。对海水利用的三个主要方面:海水直接利用、海水淡化和海水化学资源综合利用分别设置不同的鼓励措施。不同层次鼓励政策和力度不同,支持海水淡化与综合利用结合,利用大型海水淡化厂排出的大量浓缩海水,积极发展海水化学物质提取产业;支持海水淡化与热电结合促进沿海居民饮用水的海水淡化的应用;加强分类指导。海水利用基础较好、严

重缺水的沿海地区,要创造条件促进海水利用上水平,加强利用海水的综合示范,发展产业链,提高海水替代淡水的贡献度和利用水平;淡水资源较丰富的沿海地区,要从提高企业竞争力、保障水资源可持续利用高度,重点推广海水直接利用和海水淡化水作为工业纯净用水等。

根据《中共中央关于制定国民经济和社会发展第十二个五年规划的建议》,要大力发展海水利用的循环经济。

(三)厉行节约用水制度

我国实行严格的水资源管理制度和节约用水制度,《中华人民共和国水法》第八条规定:"国家厉行节约用水,大力推行节约用水措施,推广节约用水新技术、新工艺,发展节水型工业、农业和服务业,建立节水型社会。"并规定:"单位和个人有节约用水的义务。"在《中华人民共和国农业法》(2002 修订)①、《水污染防治法》及相关部门规范性文件中都有对节水的规定,在完善海水资源开发利用与保护的法律体系时,仍应坚持节约用水。

(四)高度重视用水安全

饮用水安全问题,直接关系到广大人民群众的健康。切实做好饮用水安全保障工作,是维护最广大人民群众根本利益、落实科学发展观的基本要求,是实现全面建设小康社会目标、构建社会主义和谐社会的重要内容,是把以人为本真正落到实处的一项紧迫任务。我国"十二五"规划中也再次强调要高度重视水安全。

现行法律《水法》、《水污染防治法》中有涉及饮用水安全的内容,海水淡化后若用于居民饮用,应符合这些要求,保证人民的饮水安全。

(五)切实保护海洋生态环境

《中华人民共和国海洋环境保护法》(1999 修订)规定:"海洋环境污染损害,是指直接或者间接地把物质或者能量引入海洋环境,产生损

① 《中华人民共和国农业法》第 19 条。

害海洋生物资源、危害人体健康、妨害渔业和海上其他合法活动、损害海水使用素质和减损环境质量等有害影响。”

海水资源利用开发不合理会给海洋生态和人体健康带来各个方面的污染和损害。

在开发利用海水资源过程中应坚持环境法的基本原则之预防原则,并严格把关每个开发利用项目的环境影响评价和海水利用开发的整体规划环境影响评价,按照发展循环经济“减量化、再利用和资源化”的原则,要符合环境保护和可持续发展要求。坚持预防为主,防止造成海洋环境污染和生态破坏,确保海水利用产业与海洋生态环境保护协调、持续发展。

(六)加大国家资金投入扶持产业发展

我国现有海水开发利用包括基础设施的投入全部靠我国国内企业,国内企业在技术上和生产规模上都难以与外企相匹敌,国际竞争力弱。为了保护大力促进我国海水利用企业的发展,应该加大国家财政投入,发挥产业政策作用,引导投资进一步向涉及民生、资源综合利用的海水开发领域倾斜。首先,对我国海水淡化产业的融资模式提出建议。考虑到我国的具体国情和市场发育程度,并考量国际上流行的淡化工程融资模式,本文建议采用“BOT”(Build - Operate - Transfer)模式进行融资。其次,对海水淡化市场准入规则应适时地采用“双轨制”的解决方案。再次,对批准进入市场的企业的扶植措施,及市场柔性退出机制。

二、海水资源开发利用保护的立法建议方案

本部分结合我国海水资源开发利用的现状,参考国外的成功立法经验,对我国扶持海水淡化产业,促进海水资源健康、快速、持续发展提出如下建议:

第一,由国家海洋局推动制定部门规范性文件——《海水利用行业准入条件》,以解决目前最急需的海水产业准入问题;

第二,确立与完善海水利用激励性财税法律制度和海水利用标准

体系，一方面鼓励市场主体积极进入海水开发利用行业，支持海水利用技术的研发、推广与应用；另一方面规范市场主体的行为，使市场主体的行为在各项标准的规制下得以规范、有序；

第三，在第二次修订《中华人民共和国海洋环境保护法》(1999 修订)时，制定《中华人民共和国海洋法》作为海洋资源开发与生态保护领域的基本法律，加入海水资源开发利用的内容，完善海洋方面立法，使得《中华人民共和国海洋法》成为集海洋资源开发利用与海洋污染防治及海洋生态保护的三位一体的基本法律。2013 年，国务院及其有关部门已经启动了《海洋环境保护法》和配套规定的修改和制定工作，为推动《中华人民共和国海洋法》出台提供了良好契机。

(一)该立法建议方案的必要性

1. 淡水资源缺乏的紧迫性需要法律法规对海水开发利用进行规制

2011 年 1 月 30 日水利部部长陈雷表示，中国年均缺水约 400 亿立方米，2/3 城市不同程度缺水，必须确立“3 条红线”，实行最严格的水资源管理制度。2011 年中共中央也将水利建设置于中央“一号文件”的核心，既反映了新形势下水利的战略地位，也说明了淡水资源的缺乏凸显出海水资源开发利用的必要性和紧迫性。但海水淡化产业及海水化学资源综合利用相关产业在实践中已经出现诸多不利于海水开发利用的问题，这就需要制定综合的海水开发利用保护的部门性规范文件来保障海水经济的可持续发展，也可以在很大程度上部分缓解淡水资源的紧缺的严重局面。

2. 我国海水利用产业的飞速发展态势及现存问题需要设置相关准入条件加以规制

自 2005 年起，包括海水淡化在内的海水利用业被作为主要海洋产业列入国家海洋局发布的《中国海洋经济统计公报》。《公报》显示，海水利用业呈现良好的发展态势和前景，海水利用产业化进展迅速。2008 年，我国海水利用业增加值为 8 亿元，比上年增长 22.7%，占全国主要海洋产业增加值的 0.07%。[①]

面临海水利用的飞速发展态势，对于海水淡化产业，目前国内相应的行业政策还很不完善，还缺少比较有针对性的产业政策。海水利用是一个庞大的系统且复杂的系统工程，涉及许多行业，因此需要在产业协调、产业政策和技术创新等方面系统规划。虽然我国在政策方面高度重视海水淡化产业的发展，但是至今仍旧没有制定具体可实施的海水淡化产业市场准入制度。没有门槛的限制，导致目前海水淡化产业发展中出现了一些问题。如：由于缺少市场主体的准入制度导致目前海水淡化市场中企业良莠不齐，产品水质量难以保障。其次，产业规划中地区规划和行业规划的问题。因为市场中主体参差不齐，产品水质量标准不一，价格各异，市场链没有形成，对于淡化水是否进入市政管网难以统一，对海水淡化产业长远发展非常不利。另外，目前我国海水淡化市场准入制度中面临的问题还有由谁监管，以及准入的标准和企业的淘汰等问题。这些影响海水利用产业发展且迫切需要解决的问题，使得由国家海洋局推动制定《海水利用行业准入条件》，设置具体的准入条件，规范海水利用产业显得尤为必要。

市场不等人，目前海水利用产业发展时期急需建立一整套健全完善的海水淡化准入制度，对于创造公开、公正、公平的竞争环境，确保我国沿海地区淡化海水安全稳定供给，意义重大，势在必行。

3. 落实“十二五”规划，发展循环经济、促进节能减排的迫切需要

《中共中央关于制定国民经济和社会发展第十二个五年规划的建议》再次重申了发展海洋经济的重要性，并明确提出对海水淡化的鼓励政策[②]。从总体上说，“十二五”规划提出“加快转变经济发展方式，开创科学发展新局面”，这也是对开发海水利用产业的要求。转变经济增长方式这个概念早从 20 世纪 90 年代中期就一直提到今天，要具体落实，推动海水产业发展，需要不断地增加经济总量，但是这种总量

---

① 国家海洋局：《2008 年中国海洋经济统计公报》，http://www.mlr.gov.cn/zwgk/tjxx/201003/t20100316_141490.htm，2011 年 11 月访问。

② 《中共中央关于制定国民经济和社会发展第十二个五年规划的建议》，《人民日报》2010 年 10 月 28 日。

的增加是不能以过度地消耗资源、能源和污染环境为代价。那样不仅不可持续,而且会给我们子孙后代造成影响[①]。由于我国没有建立准入制度,导致企业趋利避害,在条件较好的地区过度开发,对海洋环境造成很大影响。另一方面是行业发展规划。海水淡化产业化发展尚处于摸索阶段,由于市场调节的弊病,企业容易跟风,而目前市场准入中无法可依,造成“谁都可以进、谁都可以采”的现象,既浪费了资源,又对环境带来影响。在海水开发利用及产业发展上需要法律法规来规制无序开发会产生的不良后果,发展循环经济,遏制资源浪费,使海水产业快速、健康、持续发展。

4. 与国际公约接轨的需要

《联合国海洋法公约》是海洋法方面最为重要的国际公约,对海洋各种区域以及国家在相关区域的权利和义务都做了明确规定。中国作为该公约的成员国,自然受到该“公约”的约束。《联合国海洋法公约》中规定的海洋资源开发利用与海洋污染防治及海洋生态保护的内容,但我国国内法却没有比较完善的同时规定三方面内容的法律,在修订《海洋环境保护法》时制定我国的《海洋法》作为海洋领域的基本法时需要加以完善,履行我国最为成员国的义务,与国际公约接轨,与世界立法趋势一致。

(二)该立法建议方案的可行性

1. 其他行业已经有的成功经验为制定海水行业准入条件提供了可行性

针对目前我国海水经济发展急需的市场准入问题、外资进入及开发带来的生态影响问题可以考虑先制定部门规范性文件——《海水行业准入条件》,将专业性较强的海水开发利用的准入条件单独规定部门立法程序相对法律简单,且能尽快解决当前的确定海水鼓励政策、市

---

① 温家宝答记者问2011年3月14日10点,国务院总理温家宝在人民大会堂与采访十一届全国人大四次会议的中外记者见面并回答记者提出的问题。

场准入和限制外资及生态保护的问题。作为部门规范性文件的“行业准入条件”，其他行业中已经有先例，如《钨锡锑三个行业准入条件》、《铜冶炼行业准入条件》、《铅锌行业准入条件》、《铝行业准入条件》等等，这些行业准入条件的执行，对防止低水平重复建设和无序竞争，防范和化解产业布局、原料供应及安全环保等方面可能出现的风险，将会产生重要作用。行业准入条件的实施，表明宏观调控将逐步走向制度化和规范化，有利于更好地贯彻各项宏观调控措施和产业政策，增加导向性和规范化管理，较好地体现了发展循环经济、节能减排和贯彻落实科学发展观的有关规定，是对产业政策和各类经济社会发展规划内容的补充和完善。同时也可以为《海水行业准入条件》提供借鉴，《海水行业准入条件》也作为未来修订《海洋环境保护法》重要经验。

综观我国目前已有的 40 多个《行业准入条件》，一般会规定如下八方面内容：①企业布局及规模和外部条件要求；②工艺和装备；③能源消耗；④资源消耗及综合利用；⑤环境保护；⑥安全生产/产品质量；⑦监督管理；⑧附则。这些问题也正是海水开发利用会涉及的几个方面，在制定《海水利用准入条件》时，可以分别设置章节规定海水资源开发利用涉及的能源消耗和资源综合利用、生态保护、监督与管理等章节，将针对海水开发利用的三种主要方式——海水直接利用、海水淡化和海水化学资源综合利用——每一种不同方式都需要设置不同的程序，每种方式适用的地区、条件，每种方式需要相配套的基础设施，水质要求等问题一并规定。对海水资源开发利用与保护涉及的市场准入、淡化水与饮用水的衔接，海水开发利用的程序性问题、开发利用海水资源前的规划选址及开发利用中及后期的排污和对生态系统影响等等问题进行全面的规定，具有较强的可操作性。我国目前部分行业准入条件法规见表 6. 1。

表 6. 1　我国目前部分行业准入条件

序号	法规名称	发布日期
1	多晶硅行业准入条件	2010 - 12 - 31
2	工业和信息化部公告(工产业政策(2010)第 3 号)——日用玻璃行业准入条件	2010 - 12 - 30

续表

序号	法规名称	发布日期
3	水泥行业准入条件	2010 - 11 - 16
4	工业和信息化部公告（工消费［2010］第 93 号）——印染行业准入条件(2010 年修订版)	2010 - 04 - 11
5	工业和信息化部公告（工消费［2009］第 73 号）——农用薄膜行业准入条件	2009 - 12 - 17
6	焦化行业准入条件(2008 年修订)	2008 - 12 - 19
7	黄磷行业准入条件	2008 - 12 - 11
8	乳制品加工行业准入条件	2008 - 03 - 18
9	铝行业准入条件	2007 - 10 - 29
10	电石行业准入条件(2007 修订)	2007 - 10 - 12
11	国家发展和改革委员会公告 2007 年第 52 号——平板玻璃行业准入条件	2007 - 09 - 03
12	玻璃纤维行业准入条件	2007 - 01 - 18
13	国家发展和改革委员会公告 2006 年第 94 号——发布《钨行业准入条件》、《锡行业准入条件》和《锑行业准入条件》	2006 - 12 - 22
14	国家发展和改革委员会公告 2006 年第 49 号——公布电解金属锰企业行业准入条件	2006 - 08 - 08
15	国家发展和改革委员会公告 2006 年第 40 号——发布铜冶炼行业准入条件	2006 - 06 - 30
16	国家发展和改革委员会公告 2004 年第 76 号——《电石行业准入条件》、《铁合金行业准入条件》、《焦化行业准入条件》	2004 - 12 - 16

2. 国家海洋局的职能范围使其具有推动部门性立法的可能性

根据《国家海洋局主要职责内设机构和人员编制规定》第 2 节第 4 条和《中华人民共和国行政许可法》第 12 条，对于海水淡化市场的准入,因其属于"公共资源配置以及直接关系公共利益的特定行业",因此可以对该产业设定市场准入;对于市场准入规则设定的主体资格,在国家海洋局的职能设计中已经有所显示,应该起到主导性的作用。基于以上原因使得国家海洋局主导制定《海水行业准入条件》有了可行性。

3.《海洋环境保护法》的第二次修改为将完善海水资源开发利用法制提供契机

由于人们对生态系统和生态规律认识的加深,世界各国环境法的发展趋势是已逐渐由上个世纪最初只重视污染防治而发展到了资源利用与污染防治及生态系统综合管理的理念上,很多国家已经不再人为的按照环境污染防治与各自然要素的保护分开来划分,而是将资源开发与环境保护看做一个生态系统整体来总体保护,环境立法的调整范围可以说一直处于不断扩展的过程中,从污染防治法到自然资源法和生态保护法,再到其他有关环境法律事项。

在环境法律体系的发展问题上,不少国家正在把原来按照环境领域(如空气、淡水和海洋)分散进行的立法,整合为一部综合性的环境法,并且最终向环境立法一体化和法典化的方向发展。基于这种全球性的发展趋势,建议不再将海洋环境保护和海洋资源利用分开立法。我国《海洋环境保护法》最初制定于 1982 年,当时大部分内容是针对海洋污染防治,但单纯的针对污染防治没有综合考虑造成,海域生态系统退化,局部生态系统失衡,向低质结构演变;近海海域污染程度日趋严重,污染区域不断向外扩展,污染范围日趋扩大等等。在 1999 年第一次修改时,强化海洋环境管理,增设了"海洋生态保护"一章,已经由单纯的重视污染防治发展到了污染与生态保护并重。

目前我国的《海洋环境保护法》已经有了海洋污染防治、海洋生态保护的内容,而且其第一条和第二条已有关于海洋资源开发和保护的综合规定,海水资源是海洋资源的重要组成部分之一,其开发和保护已经有了初步的法律根据。只是由于当时立法不完善及后来海洋经济的飞速发展没有将海洋资源开发方面的内容具体规定,所以,建议在第二次修订《海洋环境保护法》时,制定《中华人民共和国海洋法》,完善海洋资源开发方面的具体内容，将海洋污染防治、海洋权益保护和海洋资源开发利用、促进海洋经济发展、海洋生态保护综合规定。目前，国务院及其有关部门已经启动了《海洋环境保护法》和配套规定的修改和制定工作，[①]正是将海水资源开发相关内容写入该法的良好契机。尤其应注意将海水市场准入制度写入该法，因为《行政许可法》第 14 条规定，法律可以设定行政许可，尚未制定法律的，行政法规可以设定行政许可。因此，如在《海洋法》中确立海水市场准入制度，可为该准入制度的实施提供充分的法律依据，也可为相关下位法及配套规范性文件的出台提供依托。

日本从 2005 年开始着手制定海洋基本法，到国会参、众两院审议通过，仅仅用了一年的时间。加拿大、美国、印度尼西亚等国家都有了海洋综合立法，这些外国成功经验可资借鉴。

4. 立法方案符合生态规律，使其在科学意义上具有可行性

由于海洋资源的多样性，分布空间的交叉性，海洋环境的多变性、流动性，加之海洋资源开发利用涉及各个不同的行业、群体，因此对海洋这个自然－经济－社会复合的人－海生态系统，很难将海水资源从整个海洋生态系统中分离，如果将海洋资源里的海水资源、动物资源和植物资源人为分离，不符合生态规律也不利于综合管理，应该实行有别于陆地管理的新模式，才能保证我国海洋产业较好、较快、持续的发展。对海洋进行综合管理应从国家的海洋权益、海洋资源、海洋环境的整体利益出发，通过方针政策、法规、区划、规划的制定和实施，以及组织协调、综合平衡有关产业部门和沿海地区在开发利用海洋中的关系，以达到维护海洋权益、合理开发海洋资源、保护海洋环境，促进海洋经济持续、稳定、协调发展的目的。

综上所述，在法律层面制定《中华人民共和国海洋法》完善海水开发利用内容，效力等级高，有助于鼓励海水资源开发、利用和保护。充分体现了对海水资源开发、利用和保护重视，在部门性规范文件层面制

---

① 陈丽平：《海洋环境保护法修改已经启动》，载于法制网，http://www.legaldaily.com.cn/index/content/2013－01/27/content_4153317.htm? node＝20908，2013 年 3 月 15 日访问。

定《海水利用行业准入条件》解决急需的海水利用市场准入问题、外资进入及开发带来的生态影响问题等专业性强的具体问题。

三、海水资源开发利用保护的立法行动方案

（一）由国家海洋局主导制定《海水利用行业准入条件》（草案）

由于海水淡化市场准入制度的设计可能牵涉到与其他同级部委职能范围的交叉，因此立法主体可以选择两种方式：

第一种方式，由国家海洋局牵头组建一个常设性的联合机制，在这个联合机制内会同水利部、环境保护部、国家税务总局、国土资源部等单位，对海水淡化市场的准入规则进行制定，并对申报企业进行审核。在这个常设联合机制中，共同制定《海水利用行业准入条件》，报请国务院进行批准。

第二种方式，可以完全由国家海洋局为主导，涉及需要各个部委职权的时候单独协调合作的具体措施，也可以在这一常设机制的框架内予以协调解决，由国家海洋局单独发文制定部门规章《海水利用行业准入条件》，对我国今后海水的利用活动进行规范化，使之有法可依、有章可循。

（二）《海水利用行业准入条件（草案）》具体章节设置

综观我国目前已有的40多个“行业准入条件”，参考各行业准入及发展所需内容，结合海水利用行业的独特性，可以考虑在草案中设计如下章节。

1. 总则

主要规定本条例的目的，适用范围，相关鼓励政策等。

为加快产业结构调整，促进海水利用行业的持续健康发展，加强环境保护，综合利用资源，保证饮用水安全，进一步提高准入门槛，规范海水利用行业的投资行为，制止盲目投资。促进节能减排目标的实现，依

据国家有关法律法规和产业政策,国家海洋局会同有关部门制定了《海水利用行业准入条件》,各有关部门在对海水直接利用、海水淡化、海水化学资源综合利用建设项目进行投资核准、备案管理、海域使用申请、工商注册登记、环境影响评价、安全许可等工作中要以行业准入条件为依据。

2. 第一章 企业布局和外部条件要求

这一章主要规定海水利用产业的布局及符合何种准入条件可以进入海水利用市场。

依据《国务院关于国家海洋事业发展规划纲要的批复》(国函[2008]9 号)、《国务院关于印发全国海洋经济发展规划纲要的通知》(国发[2003]13 号)、《海洋功能区划管理规定》(国海发[2007]18 号)、《海洋标准化管理办法》(国海发[2008]3 号)等宏观规划作为指导,根据实际需要制定海水利用企业布局。

产业的布局应因地制宜,海水淡化项目应符合我国沿海地区城市建设、水资源利用及城市供水总体规划、海域使用及水资源利用总体规划。并规定禁止开发建设海水资源的区域,如具有特殊保护价值的海岛及其周边海域,海洋自然保护区或者海洋特别保护区。

引导地区产业结构和布局的调整,严格限制在缺水地区新建以淡水为水源的高用水项目,鼓励火电、石油化工、化工、钢铁等高用水行业建立以包括海水在内的非传统水源作为工业用水水源。有关主管部门可以通过用水许可证发放,项目规划、设计、审批,项目水资源论证等阶段的控制,有效引导企业用海水替代淡水资源。规定在有条件的地区直接利用海水作工业冷却用水。海水淡化项目建设必须坚持经济、稳定、安全的原则,严格控制项目建设标准。要通过提高规划、设计和施工水平,合理选择输水管路的铺设线路、铺设方式及淡化水进入市政管网的接入方式,采用科学的运营组织模式等措施,降低工程造价和运行费用。

3. 第二章 规模、工艺与装备

在第二章中主要规定海水利用产业的规模(不得低于……)、具体的工艺和装备要求，设定宽严适中的条件，以调动国内外海水淡化企业的积极性。在符合我国国情的基础上，遵循同时，市场准入也应该有一定的弹性. 以便政府可以根据国内外海水淡化市场的情况做出调整. 灵活地适应各种情况，保证市场稳定。提高海水资源利用率，实现合理的规模经济。

通过法律作出原则性规定，对海水利用技术和装备的研发给予支持。对申请进入海水淡化产业的企业，要求其生产技术、生产工艺要达到一定的标准。进入主体的总资产额度应足以维持淡化水生产的巨大消耗。技术要素是海水淡化生产过程中的核心要素，技术的先与否直接关涉到环境影响、能耗、产品品质等一系列因素，淘汰老旧工艺、设备，采用新型节能、环保、高效、优质的新技术，新工艺，新设备，是落实科学发展观，促进循环经济，提高综合效益的必由之路。

4. 第三章　能源消耗

这一章主要规定新改建海水利用项目的能源消耗标准。因为不可再生能源的消耗过程中会排放温室气体，导致温室效应。海水淡化是高能耗产业，而且相当程度上依赖不可再生能源。因此，在审视海水淡化时，应充分考虑其大量的温室气体排放对气候和环境的影响①。

5. 第四章　资源消耗及综合利用

这一章主要规定如何促进海水资源开发的综合利用，促进循环经济发展。

对海水利用的三个主要方面：海水直接利用、海水淡化和海水化学资源综合利用分别设置不同的鼓励措施，主要是因地制宜，为了置换出更多的淡水，那么大力发展海水直接利用，积极发展海水淡化，积极开展海水化学物质的提取利用。不同层次鼓励政策和力度不同，支持海

---

① 澳大利亚研究机构曾对悉尼 1 座日产 50×10^4 t 的海水淡化厂做过相关研究，其平均能耗为 4.93 千瓦时/立方米，相当于每生产 1 立方米的水即从悉尼主要煤电厂排放 5.2 千克二氧化碳。该厂二氧化碳的年排放量达到 94.5×10^4 吨，相当于新增车辆 22 万辆，或者生产 1 立方米的水需要燃烧 2 升汽油。（Dickie P. Making water – desalination: op tion or distraction for a thirsty world. Global freshwater p rogram. The Netherlands, WWF, 2007.）

水淡化与综合利用结合，利用大型海水淡化厂排出的大量浓缩海水，积极发展海水化学物质提取产业；支持海水淡化与热电结合促进沿海居民饮用水的海水淡化的应用；加强分类指导。《中共中央关于制定国民经济和社会发展第十二个五年规划的建议》中提出要大力发展循环经济。加快资源循环利用产业发展……开发应用源头减量、循环利用、再制造、零排放和产业链接技术，推广循环经济典型模式[①]。可以参考其他国家的循环模式，比如：日本东京工业试验所采用的海水化学资源综合利用流程。具体方案的选择或者与其他产业联合需要根据当地的地理位置和经济条件来因地制宜，让海水利用产业与其他产业协调发展。

6. 第五章 环境保护

这一章主要是为了防治海水利用建设项目，海水资源利用开发不合理给海洋生态和人体健康带来的污染和损害，使海水资源利用健康、快速可持续的发展。对进入海水淡化产业的企业，应当要求其清洁生产，引入环境影响评价制度，将工业生产对环境的负面影响降至最低。与《中华人民共和国海洋环境保护法》（1999 修订）、《水污防治法》等相关环境法律相衔接。尤其是对于目前还没有关于浓海水排放的具体标准，因此急需制定相关标准对海水淡化的浓海水排放盐度、温度等进行限制。建设海水淡化项目时，应向当地环境保护部门和海洋管理部门提供排放浓海水的各项指标备案，申请排污许可证。

7. 第六章 安全生产/饮用水水质

这一章主要规定海水淡化的产品安全问题及如何与市政网管相衔接。饮用水安全问题，直接关系到广大人民群众的健康。我国十二五规划中也再次强调要高度重视水安全。海水淡化厂生产出的淡化水应符合我国关于生活饮用水的相关要求。并根据《生活饮用水卫生标准》（GB5749—2006）、《城市供水水质管理规定》等，对作为生活水的

---

① 《中共中央关于制定国民经济和社会发展第十二个五年规划的建议》，《人民日报》2010 年 10 月 28。

淡化水水质进行检验评价，检验评价合格后方可进入城市生活饮用水管网。同时，还应考虑到淡化设备出现问题时对水质安全的影响。鼓励海水淡化水进入城市供水管网，为此应会同有关部门，加快水价改革，形成合理的、有利于海水淡化水进入市政管网的水价机制，研究制定必要的税收优惠政策和用地、用能等价格优惠政策。根据当地公共供水管理办法的规定，建设输水管网前，应先查明地下公共供水管线情况。管网系统必须具备快速应急处理机制及相关措施，切实保障城市供水系统的水质安全。

8. 第七章　监督管理

这一章主要规定国家海洋局在我国海水利用体系中的监督管理职权，是促进我国海水淡化市场的健康、有序、良性发展的主导性力量。通过立法明确海水资源开发、利用和管理的主管部门及其职责范围。

9. 第八章　附则

规定该条例的实施日期及相关准用性标准。

(三)确立与完善海水利用标准体系

制定《海水行业准入条件》需要海水利用的相关标准完善作为补充。推进海水利用产业化发展，标准也要先行。要在示范工程基础上，研究和建立海水利用标准体系，制订和实施相关标准。建立和完善海水利用技术标准、管理标准和产品标准，将海水利用产品(装备)认证纳入节水产品认证范围。完善海水淡化综合利用标准应以海水冷却技术、大生活用海水技术、海水淡化工程、海水综合利用等方面的基础标准、方法标准、产品标准的研制为主。加强海水利用产品装备的质量监督检验，促进海水利用产业的规范化、法制化发展。

(四)确立与完善海水利用激励性法律制度

从法律、法规或规章层面确立与完善对海水利用的激励措施，这些激励措施涵盖税收、信贷、补贴等诸多方面，如对淡化海水进入市政管网予以价格补贴，对符合要求的海水利用项目建设贷款予以财政贴息，对符合条件的海水利用项目企业予以税收减免等。通过完善激励性的法律制度,真正调动海水利用主体的积极性,引导资本进入海水利用产业,促进海水利用技术的研发与推广,这在海水利用产业发展之初尤为重要。

(五)推动制定《中华人民共和国海洋法》

结合《海水利用行业准入条件》的实施情况,在修改《海洋环境保护法》时,制定《中华人民共和国海洋法》作为海洋资源开发与生态保护领域的基本法律,加入海水资源开发利用的内容,完善海洋方面立法,使得《中华人民共和国海洋法》成为集海洋资源开发利用与海洋污染防治及海洋生态保护的三位一体的基本法律。

四、小结

本章结合我国海水资源开发利用的法制现状,参考国外立法经验,考虑我国海水利用产业的独有特点,对我国海水资源开发、利用保护法律制度分别从宏观角度和微观两方面提出立法建议,以期有所裨益,并制定详细的立法行动方案,以期由国家海洋局推动海水产业立法,促进海水利用产业快速、健康、可持续发展。

首先,在海水资源开发利用保护的宏观指导思想上需要确立合理的海洋发展宏观战略规划及协调相关专项规划,根据规划因地制宜发展海水循环经济,分类开发利用海水资源,厉行节约用水制度,高度重视用水安全,切实保护海洋生态环境,加大国家资金投入扶持产业发展。

其次,在基础的宏观指导思想上的基础上,提出目前适合我国海水利用产业的立法建议方案,即第一,由国家海洋局推动制定部门规范性文件——《海水利用行业准入条件》,以解决目前最急需的海水产业准入问题;第二,确立与完善海水利用激励性财税法律制度和海水利用标准体系,一方面鼓励市场主体积极进入海水开发利用行业,支持海水利用技术的研发、推广与应用;另一方面规范市场主体的行为,使市场主体的行为在各项标准的规制下得以规范、有序;第三,在第二次修订

《中华人民共和国海洋环境保护法》(1999 修订)时，制定《中华人民共和国海洋法》作为海洋资源开发与生态保护领域的基本法律，加入海水资源开发利用的内容，完善海洋方面立法，使得《中华人民共和国海洋法》成为集海洋资源开发利用与海洋污染防治及海洋生态保护的三位一体的基本法律。进而详细从国际趋势、国内需求、生态规律、职权划分等多个角度分析该方案的必要性和可行性，详细阐明为什么要采用这种方案。

再次，根据该方案，分析目前我国海水资源开发利用保护的立法行动方案，分步骤实施立法建议方案，不同的阶段做不同的立法工作。第一，在近期由国家海洋局主导制定《海水利用行业准入条件》部分规范性文件。在此步骤中参考我国目前已有的 40 多个“行业准入条件”，参考各行业准入及发展所需内容，结合海水利用行业的独特性，设计出《海水利用行业准入条件(草案)》的结构和章节设置，共九章分别为：总则；第一章企业布局和外部条件要求；第二章规模、工艺与装备；第三章能源消耗；第四章资源消耗及综合利用；第五章环境保护；第六章安全生产/饮用水水质；第七章监督管理；第八章附则。每章规定的海水开发利用行为和内容请详见正文。第二，完善海水利用标准体系。第三，确立与完善海水利用激励性法律制度。第四，制定《中华人民共和国海洋法》。

最终从总体上完善海水资源开发利用的立法。由国家海洋局推动整个立法进程，监管海水开发利用建设项目，与能源利用结合，促进海水产业快速、健康、可持续发展。

附件 1 中附有其他立法方案及部分学者立法方案，并对每个方案进行评析。

附件1　其他立法方案及部分学者立法方案之评析

其他立法方案及部分学者立法方案评析

方案	评价
方案一:制定部门规范性文件《海水资源条例》,将所有关于海水资源开发、利用及海洋生态保护规定在一个法规中	优点:这种方案针对性强,对海水资源开发利用与保护涉及的市场准入、淡化水与饮用水的衔接,海水开发利用的程序性问题、开发利用海水资源前的规划选址及开发利用中及后期的排污和对生态系统影响等等问题进行全面的规定,具有较强的可操作性 缺点:其一,法的制定不同于法的修改,它是一种创设性的立法行为,所以这就使得相关立法调研及立法起草的工作量较大。其二,制定部门规范性文件《海水资源条例》,其效力等级相对低于法律
方案二:通过修改《中华人民共和国海洋环境保护法》,将涉及海水资源开发利用的相关规定在该法修订时加以完善	优点:《中华人民共和国海洋环境保护法》颁布于1982年8月23日,并于1999年12月15日日进行第一次修订,这部法律是中国第一部保护海洋环境的综合性专门法律。其主要内容是关于海洋环境监督管理,海洋生态保护,防治陆源污染物、海岸海洋工程建设项目、倾倒废弃物、船舶及有关作业活动对海洋环境的污染损害等方面的规定。鉴于近年来海洋我国海洋经济规模不断扩大,海洋开发科技水平显著提高,开发强度日趋加大。海洋资源的开发和利用在深度和广度上不断拓展,海洋新兴产业不断涌现,以海洋生物医药、海水综合利用、海洋能利用和其他海洋高新技术产业为代表的一批新兴海洋产业迅速崛起,部分新兴海洋产业逐步形成规模,产业化进程进一步加快,使得1999年修订的《海洋环境保护法》难以定对这些变化,《海洋环境保护法》也亟待修改。此方案可以借修订《中华人民共和国海洋环境保护法》之机将海水资源开发保护

续表

其他立法方案及部分学者立法方案评析	
方案	评价
	及产业鼓励等相关内容进行完善。因为海水资源是海洋资源的重要组成部分之一,与发展海洋经济密不可分。在海洋保护基本法中完善海水开发利用保护相关内容,立法效力等级高,法的修订程序比制定程序要相对简单易行 缺点:《中华人民共和国海洋环境保护法》(1999)体现出我国传统环境法律体系偏重污染防治而轻资源综合利用的问题,但全球环境与资源趋于融合的趋势日益明显,人类对生态系统重要性的认识逐渐加深,污染防治和资源利用需要统一加以考虑。然法的修订不同于法的制定,而海水资源开发、利用保护是一个非常系统且技术性很强的问题,《海洋环境保护法》作为保护海洋环境的综合性专门法律,很难做到在修订的时候将较大的立法资源投入海水资源开发利用的问题上,尤其是海水开发利用市场准入、海水淡化后与饮用水的市政管线及相关法律法规的衔接等较为具体的问题,海水开发许可证及相关程序问题仍需要行政部门出台具体的实施条例
方案三:在我国淡水资源日益短缺、海水资源开发利用技术逐步成熟的背景下,应考虑修改《水法》,将海水资源作为水资源的一种加以规定。推动《海洋资源法》的制定,海水资源开发、利用和保护的内容可以作为其中的一部分;也可以考虑单独推动《海水资源法》	为什么不能通过《水法》来处理海水资源开发利用? 因为我国长期来的行政部门设置造成了传统水源和非传统水源由不同的行政部门管理,那么在立法上也同样是采用了《水法》和《海洋环境保护法》分别规制淡水和海水,这个长期的历史遗留问题如果在未来修改《水法》中修改,那么必然会涉及整个行政部门职权的调整,难度会较大 为什么不单独制定《海洋资源法》? 《海洋环境保护法》第一条和第二条已有关于海洋资源开发和保护的综合规定,海水资源是海洋资源的重要组成部分之一,其开发和保护是法律依据的,所以是否需要考虑制定海洋资源法等还值得进一步探讨。现代世界立法趋势是将资源与环境看做一个生态系统统一保护,人为分开不利于资源的开发保护

附件2　美国咸水淡化法

简称

第1条　本法被称为《1996年咸水淡化法》。

定义

第2条　(1)术语“淡化”的意思是运用科技或程序将有机元素、无机元素和化合物从海水或者生物受损水域中移除，上述科技可以单独运用，也可以与其他程序一起运用。

(2)术语“咸水”的意思是海水、苦咸水以及其他受矿物、化学物质影响的水。

(3)术语“美国”的意思是美国的所有州、哥伦比亚特区、波多黎各联邦区以及美国所有的领土和财产。

(4)术语“可用水”的意思是对环境有益的高质量水，或可用于农业、工业、市政以及可消耗或不可消耗的其他方面的用途的高质量水。

(5)术语“部长”的意思是内政部长。

对调查研究的授权

第3条　(a)一般规定。为了确定将咸水淡化为可用水的最具经济效益以及技术成效的方法，内政部长可以通过授权拨款或订立合同的方式来管理、激励、协助调查，该调查的目的是发展将咸水转化为有益的可用水的程序。

对调查进行的拨款和订立合同的过程要通过竞争性的、择优评选的方式来进行。本条规定授权的调查和研究题目包括：

(1)海水淡化流程调查；

(2)确定投资和运营成本的最佳组合；

(3)针对不同的操作条件确定最优的设计方案；

(4)通过涉及水资源利用的进程的双重目的的设施来增加海水淡化流程的经济效益的方法的调查；

(5)技术工作的管理,包括设计、施工、试点系统检测、地基检测,以达到发展海水淡化流程和观念的目的;

(6)副产品回收方法的研究,该副产品产生于海水淡化处理过程,可以抵消处理工程的支出,也可以减少这些副产品对于环境的影响;

(7)对于咸水排放的浓度建模以及毒性分析,淡化设备的建造和运营的成本削减策略以及使用咸水进行灌溉对于园林业的影响。

(b)向国会提交的工程建议和报告。在本法制定后3年内,内政部长要在可行的范围内尽快地建议国会对于海水淡化工程或大规模的海水淡化项目的运用,为了实现本法的宗旨,也为了长远地评估与实施由本条规定授权进行的调查研究的成果。对于工程的建议可以同报告一并提交,该报告是对于倡议的工程和它们将带来的环境影响的经济和技术可行性的描述。

(c)雇佣他人的授权。为了进行本条授权的调查和研究,内政部长有权雇佣必要的人员、工业和技术公司、联邦实验室、水资源调查和技术学院、其他设施以及适合进行本条下授权的调查和研究的教育机构。

(d)替代性技术。为了实现本法的目的,内政部长要确保为了实现海水淡化的目的至少有3项相互独立的技术在被评估或实施。

海水淡化示范和发展

第4条　(a)一般规定。为了长远证实海水淡化系统的可行性,(该系统经过了独立调查和根据第3条规定的调查),内政部长要成立以及管理一个与海水淡化相关的实证和发展项目。

(1)海水淡化工厂和模块。管理技术工作,包括工厂和模块的设计、施工以及检测,用以发展海水淡化工程和观念。

(2)副产品。该副产品产生于海水淡化处理过程,可以抵消处理工程的支出,也可以减少这些副产品对于环境的影响。

(3)经济调查。组织经济的调查和研究,来确定目前和未来的花费,该花费是淡化咸水生产有益水的花费,通过对不同地点的海水淡化工程以及其他程序的对比进行。

(b)合作协议。联邦参与进海水淡化活动要通过合作协议(包括费用分担协议)，运用非联邦公用的设施、州和当地政府性机构以及其他实体进行，以促进联邦力量参与进入海水淡化工程，促进配备了淡化技术的工厂的发展。

信息的获取

第 5 条　在本法的授权赞助或者资金支持下进行的研究中获得的信息，要被视为公开信息。

技术和管理援助

第 6 条　内政部长可以：

(1)接受与调查、研究、选址、建造、运营以及其他与海水淡化相关的工作有关的，从国家、公私机构处获得的技术以及管理援助。

(2)内政部长与某机构之间的合作协议，该协议载明了协议目的是为了向工程贡献或提供资金分担。

成本分担

第 7 条　对于在本法下实施的调查、研究、实证工程、淡化发展工程或活动的花费的联邦分担的部分不能超过工程或调查研究活动总花费的 50%。对本法下所实施工程的超过 25% 的联邦分担，不能被作出，直到内政部长确定该工程没有那 25% 的资金分担则不能实行的时候才可以进行该联邦分担。内政部长要制定遵守本条规定的合理的程序。在本法下授权的设备的运营、维持、修理以及修复所花费的资金，联邦没有支付的义务。

授权的资金

第 8 条　(a)为了实施本法第 3 条的规定，对于 1997 年至 2002 年，每财政年度将有 5 000 000 美元的授权资金保障。每财政年度要提供1 000 000 美元给高等教育机构，包括美国—墨西哥研究基金会和由两国建立的校际研究项目。

(b)为了实施本法第 4 条的规定，对于 1997 年至 2002 年，每财政年度将有 25 000 000 美元的授权资金保障。

磋商

第 9 条　为了实施本法的规定，内政部长可以与其他联邦机构的负责人进行磋商,包括陆军部长,这些负责人在海水淡化研究以及淡化设施运营方面有着非常丰富的经验。在本法中的授权不能禁止其他组织独立实施以海水淡化研究和运营为目的而授权的项目。